四特 教育系列丛书 SITEJIAOYUXILIECONGSHU

U0570891

师道尊严

《“四特”教育系列丛书》编写组 编著

吉林出版集团股份有限公司
全国百佳图书出版单位

图书在版编目（CIP）数据

师道尊严 /《“四特”教育系列丛书》编写组编著．
—长春：吉林出版集团股份有限公司，2012.4
（“四特”教育系列丛书 / 庄文中等主编．在故事中升华经典）
ISBN 978-7-5463-8655-3

Ⅰ. ①师… Ⅱ．①四… Ⅲ．①中小学－尊师爱生－通俗读物 Ⅳ．① G635.6-49

中国版本图书馆 CIP 数据核字（2012）第 044113 号

师道尊严
SHIDAO ZUNYAN

出 版 人 吴 强
责任编辑 朱子玉 杨 帆
开　　本 690mm × 960mm 1/16
字　　数 250 千字
印　　张 13
版　　次 2012 年 4 月第 1 版
印　　次 2023 年 2 月第 3 次印刷

出　　版 吉林出版集团股份有限公司
发　　行 吉林音像出版社有限责任公司
地　　址 长春市南关区福祉大路 5788 号
电　　话 0431-81629667
印　　刷 三河市燕春印务有限公司

ISBN 978-7-5463-8655-3　　定价：39.80 元

前 言

学校教育是个人一生中所受教育最重要组成部分，个人在学校里接受计划性的指导，系统地学习文化知识、社会规范、道德准则和价值观念。学校教育从某种意义上讲，决定着个人社会化的水平和性质，是个体社会化的重要基地。知识经济时代要求社会尊师重教，学校教育越来越受重视，在社会中起到举足轻重的作用。

“四特教育系列丛书”以“特定对象、特别对待、特殊方法、特例分析”为宗旨，立足学校教育与管理，理论结合实践，集多位教育界专家、学者以及一线校长、老师们的教育成果与经验于一体，围绕困扰学校、领导、教师、学生的教育难题，集思广益，多方借鉴，力求全面彻底解决。

本辑为“四特教育系列丛书”之《在故事中升华经典》。

这是一部写给老师的书，因为故事中蕴含着慈爱、和谐、人性的教育方式；这也是一部写给学生的书，因为故事中洒满老师们对学生的温暖、感动、爱意、执着、顽强与刚毅……

教育是一门科学，也是一门艺术，是塑造人心智的高超艺术。对于教育人人都有自己的看法，而这本书中的观点能给人以许多启示。本书还汇集了众多著名教育学家、知名教师的经典教育文论，共同领略著名专家学术研究风范，引领我们进入教改理论与实践前沿，分享最新研究成果，把握创新教学理念脉搏，感悟前瞻性的教学思想。

教育，润物无声，是一种智慧、一种境界、一种追求。教育的这种智慧，这种境界，这种追求，虽然无声无形，但却有踪迹可寻。在教育实践中，那一个个平凡却并不平淡的片段，或呈现出教师解决问题的教育智慧；或记录着教师走出困惑的教学经历；或展现出教师奉献爱心的热忱。回顾那一个又一个生动的教育实践，既是一个沉淀的过程，也是一个升华的过程。

本辑共20分册，具体内容如下：

1.《师生情难忘》

如果我们的人生有一段华美的乐章，那一定来自老师教给我们的7个音符！一天天，一年年，我们在校园里茁壮成长。从懵懂孩童到青春飞扬，然后进入社会大舞台搏击人生。老师谆谆教诲的深情，是我们前行的灯火，给我们温暖、力量和信念……本书选录了100篇发生在师生之间的真情故事。这些平凡而真切的故事，让我们感动，让我们沉思，让我们回忆，让我们心怀敬意和感激……

2.《记忆深处》

翩翩红叶，徐徐飘落，总不忘留给土地柔软与肥沃；涓涓泉水，潺潺流淌，总不忘带给岸边甘甜与欢歌。享受“师生”情，奉献真诚心！让我们把握这份情，让心灵浸润在肥沃的土壤，开出绚烂的花朵；让我们紧守这份爱，让生命谱写圣洁的乐曲，唱出青春的赞歌。

在坎坷的人生道路上，是谁为我们点燃了一盏最明亮的灯；在荆棘的人生旅途中，是谁甘做引路人为我们指明前进的方向……是您，老师，把雨露洒遍大地，把幼苗辛勤哺育！无论记忆多么久远，每当想起老师，依然激情难耐；每当面对熟悉的老师，那一瞬间，那一件小事……总是激起我们对老师久蓄于心的感激……

3.《成长足迹》

这是发生在校园里的平凡而又感人至深的师生故事。因为爱，所以在教育的天空下，才会发生这么多感人的故事，这些也是对教育生命的审问、感怀和确认。这是一部写给老师的书，因为故事中蕴含着慈爱、和谐、人性的教育方式；这也是一部写给学生的书，因为故事中洒满老师们对学生的温暖、感动、爱意、执着、顽强与刚毅……

4.《悸动的心灵》

追忆往事并不是轻而易举的事情，在漫长的教育生涯中发现自己最难忘的某一个瞬间，其实也就像重新获得一种生存的意义一样美妙。这些教育故事也许并不是教育的解决之道，但却是对教育生命的审问、感怀和确认。也许我们更应该在教育中活出自己，也许我们既活在未来更活在无限的过去，在这些纷繁复杂却又素朴平凡的场景中，有最乐意的付出，有泪水和智慧，更有日日夜夜用心抒写因而温润无比的爱。

5.《春暖花开》

教育是一门科学，更是一门艺术。执著并献身于教育，不仅需要大步向前，也需要回头反思。回顾那一个又一个生动的教育实践，既是一个沉淀的过程，也是一个升华的过程。走进本书，这里全是暖暖的爱。

6.《孩子的微笑》

教育，润物无声，是一种智慧、一种境界、一种追求。教育的这种智慧，这种境界，这种追求，虽然无声无形，但却有踪迹可寻。在教育实践中，那一个个平凡却并不平淡的片段，或呈现出教师解决问题的教育智慧；或记录着教师走出困惑的教学经历；或展现出教师奉献爱心的热忱。

7.《故事里的教育智慧》

本书主要关注家庭教育、学校教育及社会教育中家长与孩子、教师与孩子、孩子与孩子之间的故事，它的特色是小故事蕴含大道理。其宗旨是：讲述真实的教育故事，研究深切的教育问题，创生新锐的教育思想，激活精彩的教育行动。其风格是：直面真实，创新为本和故事体裁。

8.《难忘的教育经典故事》

根据家长、教师和孩子的困惑，用各种形式的教育故事讲述一些很明白的道理，引导人用智慧的手段促进人的成长。这些故事或来自国外的或来自一线教学的实践，对于教育类人群均具有启发性。一个个使教师深思的小故事，一个个让学生向善的小故事，让我们教师真正领会生命教育的内涵。从现在开始关注生命的成长，关注人类的发展，关注社会的进步。

9.《中国教育名家印记》

在人类文明的进程中，数不清的教育大家，手擎着大旗，浓书着历史，描绘着蓝图，才有了今日教育的巨大进步。他们站在教育的殿堂里，发出的宏音，留下的足印，历史永远都不应该忘记，也不会忘记。

本书编者放眼中国教育进程，遴选出对教育产生重大影响的国内近百位教育名家，对其生平、教育思想、学术成果等进行介绍评说。

10.《外国教育名家小传》

在人类文明的进程中，数不清的教育大家，手擎着大旗，浓书着历史，描绘着蓝图，才有了今日教育的巨大进步。他们站在教育的殿堂里，发出的宏音，留下的足印，历史永远都不应该忘记，也不会忘记。

本书编者放眼人类教育进程，遴选出对教育产生重大影响的近百位世界教育名家，对其生平、教育思想、学术成果等进行介绍评说。

11.《随手写教育》

什么是良好的教育？教育是诗性的事业？性教育何去何从？是否应该把儿童世界还给儿童？假设陈景润晚生40年……本书汇聚了中国最佳教育随笔，对于和教育相关的各个方面问题都有所畅谈，对于教育者和被教育者来说都有所裨益。

12.《我心思教育》

本书涉及到了教育学众多的重要领域和主题，包括教育的真义、教育的价值、教育与社会、教育与生活、课程与教学、道德教育、师生关系、教师的学习与成长等等。它力图用感性的文字表达理性的思考，用诗意的语言描绘多彩的教育世界，以真挚的情感讴歌人类之爱，以满腔的热情高扬教育的理想与信念。

13.《教育新思维》

本书站在教育思想的前沿，以既解放思想又科学审慎的态度，兼用独特的视角，论述了近年的教育理论新说，涉及"教育呼唤'以人为本'"、"公民教育"、"素质教育新解读"、"教育公平与政府责任"、"创新人才培养"、"文化传承与创新"、"教育家办学"等热门话题。这些文章，不避偏，不畏难，遵循教育发展规律和中小学生身心发展规律，引领教育理念和教育实践，反思教育行为误区，无不闪烁着思想和智慧的光芒。对于渴望提升自身理论素养的教育工作者来说，这本书值得一读。

14.《名家名师谈教育》

本书使读者在学习和掌握教育理论的同时，领略到文章的理趣、情趣和文趣，既有助于深厚教师的文化底蕴，又有助于帮助广大教师确立对于教育的理想与信念；既有助于培养和激发广大实践工作者的理论兴趣，又能帮助教师生成教育的智慧和提升广大读者对于生活的热爱与柔情。

15.《世界眼光看教育》

本书荟萃了多位世界级教育思想巨擘的主要思想。从皮亚杰的发生认识论、维果茨基的文化—历史理论、布鲁纳的结构主义，加德纳的多元智能一直到诺丁斯的关怀教育思想等等，现当代世界教育思想的发展脉络清晰、准确而完整。

本书既有思想评介，又有论著摘录，无论教育研究人员还是一线教育工作者，均可非常便捷而精准地从中获得思想大师们的生动启迪，加深对当代教育发展特质的深切理解，是教育、教研、教学工作者不可多得的必备工具书。

16.《大师眼中的教育》

这不是一本以教育专家的身份、眼光、学养来谈教育的书。本书各篇文章提供了许多新史实、新观点，为我国教育史和教育理论工作者长期以来对某些历史人物评价的思维定势提供了新的清醒剂。

17.《教育箴言》

名人名言是前入留给我们的精神财富和智慧结晶。阅读它，不仅能丰富知识，陶冶情操，更能为我们的人生之路指引方向。该书着重论述三方面的内容：教育——造福人类的千秋伟业；教师——人类灵魂工程师、育人的典范；师德——塑造教师灵魂的法宝。

18.《百家教育讲坛》

这是一本兼具思想性、可读性和经典价值的教育智慧读本。书中介绍了孔子、卢梭、爱因斯坦、康德、梁启超、杜威、蔡元培、叶圣陶等几十位古今中外思想家、科学家、教育家关于教育的精彩论述，集中回答了教育的本质、教学的艺术、知识之美、教师的职业生活、儿童的成长等问题。探幽析微，居高声远，让我们直窥教育本原之堂奥。归真返璞，正本清源，你会发现，教育，原来可以如此朴素而美好。

19.《名师真经》

本书从专家心理学研究出发，以新教师到专家教师这一成长过程为线索，剖析了教师在专业化发展中出现的主要问题与阶段性特征，动态性是展现了教师成长的内在原因与实质，并有针对性地提出了促进新教师成为专家教师的系列化教学理念、观点与方法，这有助于教育研究者与实践工作者深入理解教师专业发展的规律，有利于在观念层面上树立科学的教师人才观，以制定行之有效的教师培养方法与措施。

20.《师道尊严》

本书意在激励教师以站着的方式获得成功。全书讲述了站着成长的精神、站着成长的思想、站着成长的基础、站着成长的学问和站着成长的行动。全书力求字字诉说教师成长之心声，篇篇探寻教师优秀之根本，章章开启教师幸福之道路。

由于时间、经验的关系，本书在编写等方面，必定存在不足和错误之处，衷心希望各界读者、一线教师及教育界人士批评指正。

编者

目 录
CONTENTS

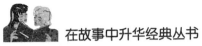

换位，让学生也当回“小先生”

三尺讲台，是老师一个人的舞台，纵然这三尺舞台上的表演再精彩，学生们也有看腻的时候，因为站在这个舞台上的，总是那张“千年”不变的脸！

身为教师的你，是否想过，如果你和学生互换一下角色：让你的学生走上讲台，让你的学生来当老师，会是怎样的效果呢？

我们来看下面这个案例：

北京使馆区内的德国外交人员子女学校的老师乔尼先生很受学生欢迎。

因为学生人数少，乔尼·伍德鲁夫就成了一个全科老师，但无论他上哪堂课，都极受学生喜欢，因为乔尼总喜欢玩出点新意。

乔尼的课堂教学还有一个很特别的制度——让学生来当“小老师”。

学习《海伦·凯勒的自传》的前一天，乔尼告诉学生们：“你们好好预习，我将要从你们中间随机挑取一个人，上台来替我讲解海伦·凯勒。”

次日，上课时，乔尼先生的开场白是：“来自德国的各位英雄，各位勇士，你们有谁能代替我上台来讲解这篇课文？谁上来，我就宣布谁是我们的英雄！上来吧，勇士们！”

学生们忍不住哈哈大笑，气氛立即变得轻松无比。在众情沸腾之下，迈克走上了讲台。

“小先生”迈克对该篇课文作了一个简单的概述后，突然话题一转：“作为健康的人，我们可以看、可以听、可以走、可以享受美好的生活。可是，美国的著名作家海伦·凯勒却享受不到这一切。作为一个双目失明、双耳失聪的残疾人，她却写出了令健康人都动容的十几部著作，学会了五种语言！她是用怎样的一种毅力，去面对生活呢？下面，我就请一位同学扮成盲人，走到黑板前写下自己的名字，体验一下海伦写作的艰难。”

台下的托马斯自告奋勇，闭着眼睛跌跌撞撞地走到黑板前，歪歪扭扭地写下自己的名字。然后，应迈克要求，托马斯面对全班同学谈了自己刚才的感受：“真难啊，什么也看不到，全凭感觉，平时以为闭着眼睛也可以写自己的名字，可真正写起来却觉得很费劲。刚才摸黑上讲台时，我还差点摔倒，那一刻我突然感到很恐惧，如果我今天闭着眼睛回家，那我……”

台下的学生一阵沉默，看得出来，大家已经被这位同学的话感染了。

乔尼先生回忆当初自己坐在台下时的感受：“我自己备课时还没想到过用这个办法来让学生体会海伦·凯勒写作的艰难呢，真可谓青出于蓝而胜于蓝啊！”

不知不觉间，时间已接近下课了。

乔尼先生站了起来：“美好的时间总是过得很快，下课的铃声马上就要敲响了。现在，请‘小先生’迈克做个总结吧。”

迈克舔了舔嘴唇，略一沉吟，便说道：“好，今天的课就上到这儿。请同学们课后到图书馆看一下海伦的一本书《假如给我三天光明》，它会让我们思考更多的问题，为什么我们正常人总是会忽视那些在海伦眼里永远都实现不了的小小愿望呢？为什么我们总觉得自己过得很一般、很不幸呢？原因只有一个——因为我们拥有，所以才不知道珍惜，人只有在失去的时候才能意识到幸福！”

“啪——”，不知是哪个学生带头，教室里响起了一片热烈的掌声。

乔尼先生笑着点点头，“说的好！真看不出来，迈克竟然是个临场发挥的天才！好，感谢迈克的精彩教学，也感谢托马斯的配合。今天，我有了一个重大发现——我们的迈克将来一定会成为人类史上最杰出的教师，成会教师中的英雄！请大家再次鼓掌，用掌声支持迈克！”

台上的老师，台下的学生，一旦角色互换，效果看来还真不错！

三尺讲台虽小，却承载着太多太多的分量。除了先人的哲言：“师者，传道，授业，解惑也”，还有现代的哲理：“教是为了不需要教”。

老师的辛苦不言而喻，而台下的学生却未必能悉心体会。

于是，师生互换位置就是一种很好的换位教学法。

我们知道，人都是有一种表现欲的，这种欲望可以通过各种方式来表达。让学生上台讲课就成了一种表现自我的方式。没有哪一个学生会拒绝上台当老师的机会，除非他们天生害怕在公众面前讲话，当然，即使是个极度的害羞者，相信他在睡梦中也少不了做自己当众侃侃而谈的美梦！

但是，对“小先生”来说，走上讲台前，他是不知道这节课会产生多少问题的。于是他就得多花时间去熟悉课本，随时准备着给学生答疑、解惑。

如果在课堂上遇到陌生的问题，他还要学会随机应变才不失“师道尊严”。

想想看，他要想把一节课上完，就需要掌握比别人多得多的材料。这样一来，“小先生”就掌握了许多课本里没有的知识，学到了以往老师教也教不到的东西。

想想看，既赢得了学生的心，又使学生多学了知识。让学生当“小先生”，一箭双雕，何乐而不为呢？

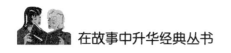

课堂评价，别总揪孩子的“尾巴”

一个高明的教师，总是善于利用课堂评价来赢取人心。

那么，我们该如何实话正确的课堂评价呢？

下面是一位青年教师对学生朗读的评价二。

片断一：

一学生朗读课文结束后，教师作了这样的评价：“你读书比以前好多了，记得上学期刚转到我们班的时候，你还不会读书呢！”学生原本微露喜色的脸顿时变得通红，讪讪坐下。

片断二：

学生在流利地读完课文某段落后，教师评价说：“读是读得挺好的，就是中间读丢了一个字！谁能比他读得更好？”闻此言，学生一脸悻悻状。

评价的作用在于鼓励与反馈，从而能有效地促进学生的发展。但上述教师的评价很显然没有起到这样的作用，相反，教师不经意的话语已刺伤了孩子稚嫩的心灵，影响了学生学习的积极性，这如何能赢得学生的心？由此，不由得想起这样的一个小故事：

一天，龙王下令，将所有长尾巴的水族动物一律处死。鱼虾等恐慌自不必说，然而有一只青蛙也在水边哭泣。问之：“你又没长尾巴，为何伤心？”青蛙答道：“如果龙王追究起我小时候长尾巴的事来该怎么办？”

学生明明读得不错，而且已经有了进步，本应该得到肯定，但教师却用貌似“客观”的话语揪住了学生的“小尾巴”，挫伤了学生学习的积极性。教师可能并无恶意，甚至是出于好心，“我是实事求是地指出学生学习过程中存在的问题啊！”殊不知，我们在操好心的同时却办了坏事，这样的“客观”很大程度上已经挫伤了学生的自尊心，给他们幼小的心灵带来了伤害。苏霍姆林斯基说过：“在影响学生的内心世界时，不应挫伤他们心灵中最敏感的一个角落——人的自尊心。”学生需要的往往是鼓励、肯定，而不是“揭短”或否定。教师在不经意间“抖”出学生的老底，试想还有谁愿意读呢？当然，强调激励评价，并不是一味追求肯定，而是提倡在否定时应讲究语言艺术，应更多地给予学生以鼓励，即寓“贬”于“褒”，创设一种心理安全的教学氛围。

如，教学《五彩池》一课，教师要求学生用读来表现对“漫山遍野的水池”的理解。第一个学生读得不够好，教师说：“你读得这么响，我怎么只看到十几个池呢？”第二个读得有进步了，教师引导说：“哦，你让我看到几百个了。”第三个情感到位了，教师又说道：“呀，这下真看到三千多个池啦！”

在这种形象、生动的语言激励下，每个学生都兴趣盎然，参与热情高涨。原因就在于教师在指出学生的不足时，采用了委婉、幽默的措辞，充分体现了对学生的尊重，使教学评价的调控功能得以有效地发挥。

一位特级教师面对一个读书声音细小的学生是这样评价的：“你读得真好听！老师要感谢你爸爸妈妈给了你一副好嗓子。不过，你要是加上表情就更好了。不信，你试一试！”激励的话语如同甘露流进了孩子的心田，成为孩子积极向上的动力。

细细品味，不难体会出名师胸怀的宽广及对孩子的拳拳爱心。“你读得真好听！”一下子让学生品尝到了成功的喜悦，体验到了被肯定的快乐，同时激起了学生积极向上的愿望。“你要是加上表情就更好了”，在缺点的表面巧妙加上“糖衣”，在不挫伤学生的自尊的同时，让他们听着顺耳，易于接受。“不信，你试一试”，更是激发起学生挑战自我的信心。大师的教学评价艺术由此可见一斑了。

新课程标准强调评价要以人为本，关注个体的处境和需要；要尊重学生的人格，以使每个学生能最大可能地实现自身的价值。因此，适时地对学生的学习作出中肯的评价，使他们在享受成功愉悦的同时，明确今后努力的方向，这是必须的。但我们需要的是能给学生继续学习提供助动力的指点迷津式、激励性的评价，而不是那种貌似“客观”，实为“揭短”的“揪尾巴”式的评价。只要我们为了孩子的发展，用充满关怀的批评、满怀希望的激励，积极有效地去展开评价，相信学生得到的将是滋润心灵的雨露和正确认识自我的阳光。

而这样的评价方式，也更能赢得学生的心。

要说服，不要压服

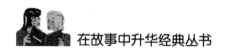

“今天必须把课文背完再回家，否则就罚抄十遍！”

“明明是你错了，还狡辩！”

“再这样的话，你就回家请家长去！”

……

只要读过书的人，相信类似的话经常都能听到。许多时候，我们慑于教师和班主任的“权威”，或者惧怕“请家长”之类的威胁，自然在教师的训斥下被“驯服”了，可我们真的服气了吗？

当然没有！口服心不服而已！

这样的教师能赢得学生的心吗？

很难。

那怎样才能让学生心服口服呢？

还是那句老话：要说服，不要压服。

说服是教师和班主任应该掌握的一门基本沟通技术。

它要求教师们做到：

1. 调查研究，有的放矢

只有深入了解和熟悉学生的情况，教育才能有的放矢，对症下药，取得成效。所以教师在对学生进行说服前，一定要通过观察、家访、谈心及材料分析等形式，了解学生思想上所存的问题。并分析问题存在的原因，找出症结所在，想出解决的方法，这样对学生进行说服工作，心里就有底，不会云里雾里放空炮。

一位叫林丛的女学生，入中师时成绩不太好，但聪明伶俐，进步很快。她兴趣广泛，多才多艺，同学们很喜欢她。可一年多后她多次旷课，对一向积极参加的文体活动也不大感兴趣了。原来，她交了男朋友，坠入爱河的漩涡。班主任多次严厉批评教育，并无什么效果。同学们还说上周星期六是男朋友把她接走的，本周星期一没来上课。班主任无奈，把问题上报给教导处师主任。为了能有的放矢地做好工作，师主任经过了一番调查了解，知道了她的身世很不幸。没有兄弟姐妹，后母及父亲对她又很不好，她的内心隐埋着一般人没有的悲伤与孤独，恋爱显然给了她很大的精神慰藉。知道这一切后，师主任非常同情她，并推心置腹地与她进行了谈话。下面是谈话的全过程。

“林丛同学，我希望咱们能开诚相见，都说心里话好吗？”

“好的。”

“你能不能告诉我，刚才你从班主任老师那儿跑出来，想到哪里去？”

“师主任，说真的，我不想上学了！”林丛的眼泪又来了。

“你怎么会产生这样的念头？”

“刚才班主任的话，使我对学习和生活失去了信心。”

“不，你不能这样做，考上中师不容易。再有一年就要参加工作了，有了工作你才能独立地生活。其实，你们班主任是个大好人，只是心直口快，他若说了什么过火的话，也没有什么恶意，希望你能够谅解。”

林丛坐在椅子上低头不语。

师主任接着说：“林丛，坦率地说，我对你印象很好。你被录取时是倒数第十名，现在你在全年级是中上等水平了。你发展很全面。演讲在县上获二等奖，三千米长跑名列全县第……这些成绩来之不易呀！你是一个很有前途的学生。说实在话，学校不愿失去你这样的学生。我更是打心眼里喜欢你，难道你自己就甘愿抛下这光荣的历史与美好的前程吗？”

林丛抬头看看主任，又把目光移往别处，显然她的思维正在启动。

“林丛同学，你的情况我都知道了。我想，你过早地谈恋爱，大概也出于无奈。我也是从小无妈，知道失去母爱的痛苦。但我还有父爱，你还不如我。你寄养在姨母家，姨母又病逝，是生活逼得你无亲可投，无温暖可寻……”

这些话引起了林丛对痛苦的往事的回忆，眼泪又簌簌地流下来。

“恋爱并不算丑事，人人都要谈的。”师主任竭力以心换心，极诚恳地与她交流，“我和你一样大时，也谈过好几个，都是别人介绍的。现在回想起来，觉得好幼稚啊。幸亏都未成，否则不知会带来多少痛苦。著名作家程乃珊说过：‘过早地把自己的未来缠在一个异性身上，是一个沉重的羁绊！它处处妨碍着你投入更广阔的人生’，这话可是经验之谈啊！我现在的妻子是参加工作后找的，我们都感到很满意。林丛同学，你认为你与那位男孩子生活在一起会幸福美满吗?”

林丛抬起头了，用信任的目光看着主任，然后说：“老师，其实我也谈不上多么爱他，只是他常来找我，他妈妈又待我特别好，我到他家去感到很温暖。最近他妈病了，我能不管吗?”

“林丛同学，我完全理解你，你旷课犯纪的事我可以给大家谈谈，从轻处分或不处分，你不要有压力。不过我想再提醒你一下，你未来的路还很远，前途也很辉煌，希望你能够珍惜自己的未来，认真处理好目前这一问题，你能答应我吗?”

“能!”林丛显然已很信任老师了，回答得很干脆。

“以后到了星期天，请你到我家玩儿。我有一个女儿，和你年龄差不多，她是高二学生，她会热情地接待你的。”

“谢谢你，老师。”

后来，林丛和师主任女儿成了好朋友。不久，林丛便与那个男孩断绝了来往，又活跃在校园里。

教导主任对林丛的教育效果是很好的。原因是这位主任在对学生真诚热爱的基础上，能够调查研究，找出病症所在，有的放矢，推心置腹，说真话，表真情，才使学生产生对老师的信任，明辨了是非。再加上语言情深，方法得体，所以收到了事半功倍的效果。

2. 正面教育，以理服人

说服教育不能用强制、压服和简单粗暴的方法，不能空洞说服，必须坚持正面教育、启发自觉。

一天，陈崇梅老师接到值日生报告：有两个同学用课凳当跷跷板玩，把一条凳腿搞坏了。像这样对公物不爱护，班上已发生多次，觉得不抓是不行了。

晨会课陈老师走进教室，同学都很紧张，准备接受训斥。可事情并未这样开始，老师给大家出了一道讨论题：“同学们，如果我们上课没有板凳，大家站着上课行不行?”

“站着上课，黑板上的字都被前边同学给挡住了，后边的同学就倒霉了。”

“站着上课，腿吃不消。”

七嘴八舌，都说“站着上课不行”。

"既然大家都认为站着上课不行，那我们班上一些同学为什么老是把板凳搞坏呢?"老师开始"将军"了。

调皮学生低了头。到了这种"火候"，陈老师举起那条坏了的板凳给大家看了看，接着给大家讲了一条板凳来之不易的道理。从林业工人育苗谈起，讲到把木材砍伐下来，运出大山，车装船运，送到县城；再讲到木工师傅一锯一刨地做成板凳，送到教室，讲到这中间要经历多长时间，费了多少道工序，里边浸透了多少劳动者的血汗。这一讲，学生们被深深地感动了，一个个陷入了沉思。进展到此，还没算完。陈老师趁热打铁，又引导学生们算了一笔账：损坏一条板凳就算损失几元钱，全校一千多名学生若每人损坏一条是多少钱？全国一亿多小学生，若每个学生都这样干，将损失多少钱？这一算同学们目瞪口呆，从内心深处感到了问题的严重。两个玩跷跷板的学生坐不住了，站起来诚恳地说："我们错了，我们保证把板凳修好，以后不再损坏公物了。"

陈老师在处理这件事的过程中，没有以势压人，也没有空洞的说教，而是以情动人。让孩子们从板凳来之不易的叙事分析中受到震动，受到感染，认识到损坏公物的错误。陈老师带着学生算了笔损坏板凳的账，用事实说话，避免空洞说教，并由浅入深，由感性到理性，由具体到抽象循循善诱，取得了好的教育效果。

3. 一分为二，方法得体

教师说服教育时，要辩证地看待学生，对其优点进步满腔热情肯定，对其缺点错误善意恳切指出，使学生感到老师对自己没有什么成见，可以信任，感到老师既严格又慈祥。同时，在具体说服教育中，能根据学生的年龄、个性、心理上的差异，运用不同的教育语言，方法灵活得体，学生就能乐意接受。

燕惠老师刚接手的一个新班里，有一个名叫沈勇的双差生。为了做好他的转化工作，老师多方观察、了解，终于寻着了突破口。原来，这孩子乒乓球打得特别好，于是常邀他打乒乓球。一次打完后，师生双方进行了十分融洽的谈话：

"沈勇，我连输三局，好惨哪！看来你这个'乒乓大王'，真是名不虚传!"

“老师，你就别再夸奖我了，我是挨惯批评的人，听了夸奖受不了。”

“那好。不过我有一个问题想不通，请你为我想一想。”

“老师，什么问题，我能行吗?”

“有人称你为‘双差生’，我原来想这个学生非常笨，可你的‘乒乓球技术’使我知道你一点也不笨，相反你简直聪明过人，伶俐出众。我实在是不懂你怎么会成绩不好。”

“老师……”沈勇一时语塞。

“这样吧，你讲一讲你的‘乒乓技术’是怎样练出来的。”老师又故意把话题岔开。

沈勇同学详细地介绍了他练球的过程，老师接下说：

“很好，你爱打球，打得勤，夏练三伏，冬练三九，长年累月，从不间断，你的经验可归纳为四个字——刻苦、勤奋，这就是你成功的秘诀!”

沈勇看看老师，不做声，但面孔上的自豪还是掩饰不住的。老师又继续说下去：

“啊呀！沈勇同学，你如果把这种精神用到学习上，那就不得了啦!”

沈勇露出了笑容。老师与他约定：“以后你帮我学打乒乓球，我帮你学习文化课怎么样?”沈勇欣然接受了。末了老师追加一句：“三个月后，我可不再认输啦！我要‘争翻身，求解放’!”他会心的笑了。

此后，沈勇果然未负老师的一片苦心，两个月下来，他已有显著变化。一学期后，他学业成绩已跃入中等行列。

4. 通俗生动，寓理于事

教师说服教育学生时，不能用“官腔”“大话”像审犯人那样，也不能用套话假话去诱骗学生，做到语言朴实无华，通俗易懂，鲜明生动而充满情趣，这样的说服，就使学生对老师多了分亲近，多了分敬爱，多了分信任，愿意向老师敞开心灵的窗户，接受教育，分辨真伪。

一个读小学的女孩，经常画眉、抹红，这不仅有损少年儿童的自然美，还因化妆分散精力影响学习。但由于家庭和社会的影响，又不能生硬的批评或简单的禁止。于是班主任李荣老师在星期天约她到公园散步时进行了以下谈话：

“你喜欢这满地的红花吗?”

“当然喜欢啰。”

“你能说说你为什么喜欢它们吗?”

“因为它们颜色深浅变幻无穷，是谁也无法画出来的。”

“就这些呀?”

“还有，它们多姿多彩，好像在比美!”

“你说得真好，它们这么美丽，是哪位画家把它们画成这样的呢?”

“不是，是它们自己长成了这样子。”

“对，它们的美丽正因为它们自然长成，没有斧凿之痕。就是说没有任何人为之加工，它就是这般美丽。”

“对！我就是喜欢这个!”

让学生自动打开心扉

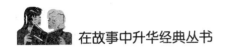

沟通，特别是和那些有沟通障碍的学生进行沟通，教师往往要采用“将欲取之，必先予之”“欲进先退，欲前先后”的策略。因为教师要打开的门不是一般的门，而是心灵的大门。这里不是只要求有力气，而更多地要借助策略与技能的秘笈——让学生自动敞开心扉。好多老师在反思自己对学生的无效教育时，感到纳闷：我的话蛮有道理的，我的表情也够和蔼的，我的内心是充满期待的，我的态度也是积极认真、充满热情的，然而却不见成效。老师们没有觉察到从对话一开始他们不但没有使学生打开沟通的大门，反而紧闭了大门，因此其实他们是在“隔着墙”说话！这可不是一般的墙，这是一堵心墙，具有能动性的“防弹”“反弹”墙。

师德课上，老师提出一个案例：

一个学生气呼呼地来告状：“老师，余小龙上课总爱朝我做鬼脸，我很讨厌他，我下课后不跟他玩了。”如果你是这位教师，你会怎么回应？

以下是该班学员（都是老师）假设的回应：

“他是喜欢你，才冲你做鬼脸呢！”

“他是在逗你玩呢！”

“你要学会宽容，不能为这点小事就生同学的气。”

“你如果这样小气，谁还愿意跟你玩？”

“你也朝他做鬼脸，这样不就摆平了？”

“你对同学不能用‘讨厌’这样的字眼。”

“你不和同学玩，是你的不是了，都像你这样，同学之间怎么讲团结？”

这些话语，都可能产生同样的一个效果：学生心灵的大门因此紧闭。理由很简单：“因为老师并不了解我！”“他或她与我想的不一样。”“我跟他（或她）说不上话。”我们不妨分析一下上述老师们的良苦用心：第一，缓解学生的对立情绪，淡化矛盾，促进同学间的团结友谊；第二，希望学生改掉自己身上“小心眼”、斤斤计较的毛病，养成大度宽容的好个性；第三，批评学生对其他同学的不尊重、不友好，要求学生正确对待自己的同学，学会尊重；第四，揭示这种不和同学玩的想法对于集体或团结的不利后果，希望该同学以团结为重。这些用心都没有错，但很显然将是无效的，特别是后两句，明显带有指责的含义，这样的回应必将使学生的心门因此关得更紧了。

因此处理这种情况的有效窍门是：先进门再说！进门的技术是单纯地将学生的感受回应给学生，也就是说用另一种表达方式把学生的心里话从老师嘴里说出来："你不喜欢他这样对待你，所以你不想跟他玩了。"学生必然会向您靠近，"是的，我想跟小强和大忠玩。"这说明学生有了沟通的愿望。通过这样的回应创设了沟通的心理氛围，教师的教育意图还愁无法兑现吗？此后教师的苦口婆心学生能当耳边风吗？

教师要设法让学生自己敞开心扉，请你走进他或她的情感世界，否则你的努力可能是低效的，也可能是无效的。阿里巴巴用"芝麻、芝麻开门吧！"的密语使满藏珍宝的山洞大门自动打开。让我们记住心灵沟通的秘笈，让心扉自动向你敞开，这时你会发现学生心中的宝藏，学生的心矿也会任你开发，任你提炼。

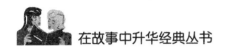

寻找共鸣点，一石激起千层浪

物理学中有一个现象叫“同频共振”，就是指一处声波在遇到另一处频率相同的声波时，会发出更强的声波振荡，而遇到频率不同的声波时则不然，这就是我们常说的共鸣。

物理学上的共鸣是一种自然现象，而教师与学生沟通中的共鸣点则需要教师有意识地去寻找。

教育心理学证实，教师与学生之间的情感交流，共同的观点是相互信任、相互理解的基础。

在师生沟通中如果教师找到一个能引起学生共鸣的切入点，就好比将一粒石子投入平静的池塘中，会一石激起千层浪，学生的心扉自然而然就会为你敞开了！

甘肃省兰州市第45中学高级教师张其纲曾教过一个叫柯俊的学生，柯俊是一个基础比较差，自卑且没信心，性格又非常内向的孩子。

张老师和他谈话时，他经常是问三句答一句，那样子不把人气死也能把人的耐性磨平。张其纲便琢磨着找个柯俊感兴趣的话题和他谈，或许他就容易开口了。

有一天，他外出开会归来，路过市文化宫，看见里边好多人围着一象棋摊争论着。只见一位老大爷举着棋子犹豫不决，几个“高参”七嘴八舌，面红耳赤，互不相让。

突然，一个清脆的童音高喊着：“马爷，‘要将抽车’是好棋。”顿时，棋场寂静下来，那个被称为马爷的人立刻喜上眉梢，摸着孩子的头说：“嘿，小鬼，走马真是妙招。”

张其纲听得声音很耳熟，便挤进去一看，发现说话的孩子正是柯俊。

“原来柯俊喜欢下象棋啊！”张其纲心想，看不出来课堂上沉默无语的柯俊，面对棋盘的时候，会有如此敏捷的思维。

为了更加了解柯俊，双休日张其纲老师便给柯俊打电话：“柯俊啊，我是张老师，我想请你到我家来陪我下盘象棋，怎么样？”

电话里柯俊听起来特别高兴，一点都不像平时那种沉默的样子：“好啊，以前老师找我不是作业有错，就是批评指责，从来没有找我下棋的，我太高兴了！”

放下电话，他飞也似的跑到张其纲家里，楚河汉界，师生对弈。

这时，张其纲故意运用连环马，显示马的威力，并问：“你知道马有何能耐？”

柯俊稚气地回答：“马很厉害，我喜欢走马，但说不出道理。”

张其纲接着话题说：“我注意过你下棋，用马你很巧妙，你那天给马大爷支的那一招就足以说明你逻辑思维清晰，具有足够的智慧和潜力。”

柯俊不好意思地笑笑，目光依然盯着棋盘。

张其纲一边走子一边接着说：“马是人类最忠实的朋友，也是象棋中最具创新精神的角色，任何泥泞风雨都敢踩在蹄下，山高坡陡不畏征途艰险，驰骋疆场迎着枪林弹雨，拉车套犁始终无怨无悔。马的这些品格值得我们学习，你也应该向马学习，做匹‘千里驹’。”

“哦？张老师，你是说？”专心于下棋的柯俊似乎听出了张其纲话里的意思，但他没再往下说。

张其纲也识趣地打住话题，接着下棋，第一局战平。

第二局开始了，对弈中，张其纲“当头炮”开局，柯俊很自然地“把马跳”。

张其纲借评棋的机会说：“柯俊啊，学习就如同用炮，是一个翻山越岭的过程，其中有喜怒哀乐、酸甜苦辣……”一边说，一边注意着柯俊的反应。

沉默了几分钟，柯俊说了一句：“可是，张老师，我不是不想用功，我是一看到那些符号字母就头疼！你说，我这个样子还有希望吗？”

终于把柯俊的嘴巴敲开了一点，张其纲连忙鼓励道：“有，当然有。你回忆一下，你最初学象棋时是怎么学的？”

柯俊道：“慢慢练呗，当初我爸教我，陪着我下了一局又一局，可我老输，我就是不服气，抓紧一切业余时间练，后来终于开始反败为胜了。”

“这就对了，你看你下象棋时不服输，不被困难吓倒，为什么不能用这种态度对待学习呢？”

见柯俊若有所思，张其纲又接着问：“赢棋的感觉如何啊？”

“那还用说，心花怒放！”柯俊眉飞色舞地道，似乎又想起了某个大快人心的场面。

“呵呵，你看，你喜欢下棋是因为你已经尝到了赢棋的乐趣。如果你能在学习中也培养这种乐趣，那么还有什么困难能难住你呢？”

柯俊点点头：“我知道了，老师，我会尽力的！”

以后的日子里，只要有空，每周柯俊都会来到张其纲家里与老师对弈，切磋棋艺、感悟学习之道。

渐渐地，柯俊改掉了许多坏毛病，学习进步了，生活严谨了，还主动给同学们担任了象棋小辅导员。

他总结说：“学习如拱‘卒’，须循序渐进；思考如跳‘马’，要灵活多变；做人如行‘车’，讲诚实信用；事业需卫‘士’，应忠心耿耿；宏图似飞‘象’，必展翅畅想。”

这哪里还是那个自卑内向的柯俊？张其纲老师巧妙的沟通，已使他变得开朗、活泼、自信了起来！

对于师生之间的交流，一些内向的学生往往很难打开话匣子。面对这个闷葫芦，老师无法知晓他的想法、他的见解，这样也就无法因材施教，做好他的思想工作。

难道就这么放任他不言不语，无法交流吗？当然不能，只要用心，办法总是有的。

张其纲老师面对内向又不求上进的柯俊，没有强攻，而是以象棋为切入点，一步步走近了柯俊，从而有的放矢地进行交流，引导他正确对待学习，进而取得了较好的效果。

一个教师，在他的教学生涯中总会遇到形形色色、性格各异的学生。总有一些学生面对教师时，不是一问三不知，就是顾左右而言他，教师很难走进他们的内心世界。也因此，教师在与这些学生交流时，应有意识地寻找双方沟通中的共鸣点，这样才能为进一步沟通做准备。

一般说来，所谓的共鸣点有以下几种：

1. 寻找一个共同话题

人与人之间会有许多相似的地方，如共同的兴趣、爱好，经历、境遇等。教师和学生谈话，必须找准共同的话题，以学生的爱好、长处为切入点，使学生保持谈话的欲望。

2. 抓住能令学生兴奋的话题

许多学生在和教师谈话时总是怀着一种戒备、抵触的心理，往往缄口不语，沉默是金，不愿敞开心扉。这就要求教师要恰到好处地选准一个令其兴奋的话题，把他的表达欲调动起来。

3. 捕捉学生的闪光点

有的学生几乎没有什么长处可言，看起来各方面都有不足，但只要教师细心观察，仍是可以发现其闪光点的，并且这种闪光点随处可见。

教师在与学生尤其是那些后进生谈话时，应尽量抓住学生的闪光点，给予充分肯定，大力表扬，使学生认识到老师不光是盯着自己的缺点，也能看到自己的长处。待学生情绪稳定后，再指出其缺点和不足，进行批评教育，这样学生就容易接受了。

全国十杰教师朱兆林曾教过一个男孩，他顽劣又不思上进。在别人都瞧不起他的时候，朱兆林却拿着“放大镜”寻找他的优点与特长。

这个学生经常和班长大吵大闹，干扰班长工作。可是在班干部换届选举时，他仍然投了班长一票。

朱兆林知道了这件事，特地找到他和他谈话。一开始，他怀着挨批的戒备心理等待朱兆林的训斥。

而朱兆林第一句话就高兴地说道：“我发现你有一大优点！”

学生开始以为朱兆林在挖苦、讽刺他，便把头一扭，表现出不屑一顾的神情。

朱兆林看出了他的心思，并不急于解释，问道：“你为什么会投原班长一票呢？”

学生回答：“因为她能热心地为我们服务，肯负责，敢于坚持原则。大家也是这么认为的。”

“你不是和她吵架了吗？”

“那也有我的不对。”

朱兆林这才指出：“这就是我发现的你的一大优点：能认识自己的错误，敢于承认自己的错误，同时又能看到同学的长处。看来，你的缺点主要是脾气坏了点。”

几句话说得学生不好意思地笑了。

朱兆林的一席话之所以能成功地降服了这个乖张的学生，主要就在于她捕捉住了学生的“闪光点”，把话说得动听而中肯。

4. 寻找情感上的共鸣处

教师要说服学生，感化学生，必须讲究谈话语言的情感性，引起情感共鸣。

一次，格蕾莎找到吉尔谈话。原因是吉尔总是在背后说她坏话、与她作对。格蕾莎说：“孩子，我为你所犯的错误感到痛心和难过！老师为你惋惜，也深深感到自己没有尽到对你帮助、教育的责任……不过，现在还来得及。相信你能认识自己的错误，也一定会改正自己的错误。至于你骂老师的事，老师是不会计较的。也不会记恨在心。用你尊敬老师的实际行动来抹掉这一切吧！我们是可以成为好朋友的，你有什么心里话，可以找我说，好吗?”

格蕾莎充满感情的一席话，吉尔听了之后，神态、姿势、表情都发生了变化，显然心灵受到了强烈的震动。

总之，教师在与学生沟通时，如果正面切入难以开启学生的心灵之门，不妨有意识地迂回寻找一些共鸣点，并以此为契机，从而敲开那扇心门。

疏导，变阻塞为顺畅

疏导，是教师在进行谈话时，针对学生思想言行存在的问题，有目的地进行疏通和引导。“疏”，就是解除学生思想疙瘩，把阻塞变为顺畅；“导”，就是在学生不知怎么走，怎么做的时候，给以引导并指明方向。在现实生活中，青少年学生因各种因素的影响，对一些现象不能正确理解和把握，出现一些不正确的想法和行为，这就需要教师把握他们的思想脉搏，分析其思想动机，了解他们的想法和愿望。并根据他们的年龄特征，认识能力和接受水平，用巧妙的教育语言进行疏通和引导。所以，疏导作用主要在于沟通心灵，指点迷津，启发学生消除思想障碍，接受指导和规劝，发挥内在的精神力量来克服自身的缺点。

那么，教师该如何利用疏导来赢得学生的心灵呢？

1. 尊重信任，待之以诚

尊重是使学生接受老师教育的前提，是师生心理沟通和情感相融的感情基础。教师的谈话，若能尊重信任，待之以诚，就会缩短与学生的心理距离，学生会乐于向你敞开自己心灵之门，和你说心里话，并将你的要求转化为自己的行动；相反，教师的谈话，若不尊重信任学生，简单粗暴，缺乏诚意，学生就会与你拉开心理距离，关闭对你的心灵之门，不愿向你表真情，说真话，这就无法达到疏通的目的。请看下面的例子。

近两天，一向活泼开朗的小李同学，上课无精打采，下课不言不语，好像有满腹心事。王老师把他找到办公室，从脸色和眼神看出他内心的慌乱和不安，就轻声地问：“有什么心事吧？告诉老师，好吗？”他连忙小声地说：“没，没有什么事，老师。”“那你这几天为什么像霜打的茄子呢？说出来，老师好帮你拿主意。”他犹豫了一下，又低下了头。老师断定他有心事，决心帮助他从困惑中解脱出来。经过老师一再启发开导，他从衣袋里掏出一张叠得整齐的字条，红着脸犹豫地交给老师。原来是他写给班里一位姓张的女同学的“求爱信”。老师看完了字条，他怯生生地问：“老师，我这是不是谈恋爱呢？你认为我很坏吧？你看不起我了吧？我知道我辜负了你，也对不起寄希望于我的爸爸妈妈。可是我真的从来没有像这样喜欢过一个女孩子，你说我该怎么办呢？”

老师知道小李同学像一些处于青春萌动期的孩子一样很苦恼，要正确引导，不能简单从事。就说：“张×同学的确很可爱，老师和同学都很喜欢她，你说，难道大家都在跟她谈恋爱吗？”他摇了摇头。接着老师又以亲切，充满诚意的语气说：“现在你对某个同学产生好感是符合青少年身心发展特点的，是很正常、很自然的事情，并不意味着你是个坏孩子，这种发自内心的真诚的好感和思想品质不好是两码事。再说，有好感、喜欢，也不一定就是恋爱，更何况我看你并没有辜负爸爸妈妈对你的期望，你学习不是抓得很紧吗？成绩也一直不错，你不要有任何的紧张和不安，也不要有什么负罪感。”说到这里，他好像松了口气，急切地问：“老师，那你说，我现在该怎么办？”

“既然这位女同学不知不觉地闯入你的心里，你无法躲避，又涂抹不掉，那就正视这种情感把它接受了下来，让它安安静静地埋在心底。你必须要把握住自己，认清现实，分辨自己该做的和不该做的。这样，才不至于被感情盲目地驱使，其实，你也可以把这种好感转化为激励自己投入学习的动力。张x同学是大家公认的品学兼优的好学生，她是绝不会为某种感情而放弃自己的理想的，而你也是个上进心很强的青年，我想你也不会因为这一厢情愿的好感而牺牲自己的前途。你说对吗？”他注意地听着，认真地思考着，“老师，你说，我能从这件事中自我解脱出来吗？”他担忧地问道。

老师毫不犹豫地答道：“能的，你一定能解脱出来的，事实上你的理智一直在和你的感情作斗争，你把这字条交给了老师，而不是给了张×同学，这不就说明你是有自我控制能力的吗？老师相信你！”听完老师的话，他长长地出了一口气，要回那张字条，随手撕了，然而用手敲敲脑袋，自嘲地笑了。

老师知道，要想彻底“解脱”，并不是件容易的事，以后，老师更加注意接触他，关心他，又推荐参加省市数学竞赛，还获得了名次。

从此，他的生活领域拓宽了，思想充实了，活泼开朗了，也成熟多了。一年后，他以较好的成绩考取了省内一所重点大学。

王老师对学生小李爱慕异性的心理疏导是很成功的。他的谈话，能尊重信任，待之以诚，不大惊小怪，不简单粗暴，不下禁令，冷静分析，慎重处置，语气温和，循循善诱，从而使小李调节了自己的情感，摆脱了困扰。

2. 因人而异，对症下药

学生的个性千差万别，这就决定了教育语言的个性差异性。教师要善于把握不同学生的性格特点、思想状况，分析他们的言行动机，找到问题存在的原因和症结，然后针对不同学生思想和言行上存在的问题，采用不同的方式量体裁衣，看人下菜，对症下药，方能取得好的效果。如果只是泛泛地谈，没有明确的针对性，就会疏而不通，导而无用，甚至使学生产生逆反心理。下面的疏导是成功的。

一位初中学生，不但学业成绩差，而且不守纪，他唯一的“亮点”就是体育成绩是全年级第一。开学不久，他因上课调皮被老师找来了。老师只字不提他调皮之事，因为这对他来说已是老生常谈了。下面是他们的谈话：

师：你知道老师为什么找你吗?

生：知道，批评我上课不守纪。

师：错了，我首先要表扬你。

生：表扬？我有什么值得表扬的?

师：我要表扬的是你有一个方面，全班同学都应向你学习。

生：老师也开玩笑，向我学什么?

师：真的，你锻炼身体积极，体育课、课外体育活动表现好，体育成绩突出，这可了不起，“三好”你占了一好，这当然是值得学习的。

生：(笑了）谢谢老师，可就是学习上不去。

师：你总结一下看，为什么体育能取得好的成绩？如果学习文化课目的明确，刻苦认真，讲求方法，用学习体育的精神学习文化科学知识，一定会有好的成绩。

生：这么说，我也能成为“三好学生”。

师：只要有决心有行动，就一定能成功。

想不到这个在大庭广众之中挨批评面不改色，心不跳的学生，听了这几句话，却涨红了脸。真是“良言一句三冬暖”，短短的谈话，成了他进步的起点，后来这个学生不仅仅体育成绩最佳，而且思想品德好，爱集体做好事，任体育委员，工作负责，文化科学知识的学习兴趣浓了，成绩呈直线上升，期末真的被评为三好学生。可见，因人而异，对症下药，就能取得好的疏导效果。

3. 晓之以理，动之以情

对学生进行疏导，离不开情和理，有理无情，不足以感人；有情无理，则难以启人。教师的语言入情入理，才能说服打动学生，解除他们的思想疙瘩，纠正他们的不良言行。请看下面实例。

顾贵荣老师班一个突出的问题是学生对班主任工作不理解，不支持，甚至认为班主任不公正，不关心人，太严格。针对这一情况，老师一方面做学生的思想工作，一方面以实际行动去感化他们，一段时间之后，同学们对班主任工作的认识有了转变，在此基础上老师给全体同学讲了一次交心话。老师是这样说的：

亲爱的同学，你是否理解班主任的那颗心——爱你唯恐不深，教你唯恐不严，护你唯恐有疏，责你唯恐失当。尽管已是呕心沥血，殚精竭虑，却仍旧不免有所闪失。因此，在对你们的无限挚爱中，总夹杂着缕缕隐忧！老师何尝不苦呢？

亲爱的同学啊，你知道吗？你迟到旷课过多，老师真担心你的课程被拉下；你执拗，孤僻，老师更担心你将来踏入社会遭受挫折而痛苦；多好的文艺科学书籍你不看，多么有意义的活动你不参加，偏爱看些格调低的书刊和干些有损害声誉的事，老师实在害怕你良莠不辨，误入歧途因而忧心如焚；为了你健康成长，老师忙里偷闲想去家访，又担心你误以为告黑状，而不敢轻易举步……

同学，我亲爱的同学们啊！当老师何尝不难！斗转星移，日复一日，老师就是如此这般的希望、隐忧，隐忧、希望，循环往复，绵绵无期……

这番话，既晓之以理，又动之以情，发自肺腑，感情浓重，学生的心动了，泪流了，误会解了，疑云散了。以后同学们把老师当知音，大家心心相印，通力合作，班级工作搞得红红火火。

4. 把握火候，抓住契机

学生的认识，进步及后进生的转化是有机遇的，如果教师把握这一契机，随时见缝插针，把话说到点子上，疏导就能收到事半功倍的效果。请看下面疏导成功的例子。

亚辉在家是个独生子，从小娇生惯养，养成了不爱惜东西，懒惰、不爱劳动的坏习惯。

一天，妈妈到学校来接亚辉，看到他正在用自己的新帽子擦桌子，生气地把他拉到刘老师面前，说："刘老师，你看这孩子真不像话，用新帽子擦桌子，一点不知道爱惜东西，今天得好好批评他。"

刘老师笑着看了看一脸委屈的亚辉，觉得这是难得的教育契机，说："不，应该好好表扬亚辉，该批评的是我！"

亚辉和妈妈不解地望着刘老师。刘老师继续说："亚辉为了搞好班级里卫生，不惜用自己的新帽子擦桌子，这是热爱集体的表现。而我呢，班上的抹布没有了，却未及时补充新的，不应该批评吗？"刘老师寥寥数语，滋润着孩子的心田，觉得帮助孩子的时机已成熟了。于是刘老师继续说："只是。亚辉呀，以后抹布没有了要告诉老师，可不能再用帽子去擦了，新帽子擦了桌子，多可惜呀！"刘老师的一番话，使亚辉在潜移默化中受到了教育，高兴地点点头笑了。此后，亚辉更加爱惜东西，热爱班集体了。

可见，把握火候，抓住契机，是疏导成功的重要条件。

总之，教师只有工作实践中，充分掌握疏导的策略，才能在师生交流沟通时，赢得学生的心。

恰当地为孩子加油

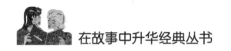

曾看过一则令许多人“目瞪口呆”的故事：

一位中国访问学者在美国期间，曾到当地一位教授家做客，一进门，便夸奖了教授5岁的女儿天生丽质，并抚摸了她漂亮的头发。教授为此要求学者向女儿道歉。

什么理由呢？她说：“你是因为她的漂亮而夸奖她，而漂亮不是她的功劳，这取决于我和她父亲的遗传基因，与她个人基本上没有关系。你夸奖了她，孩子很小，不会分辨，她就会认为这是她的本领。而且一旦认为天生的美丽是值得骄傲的资本，她就会看不起长相平平甚至丑陋的孩子。而且，你未经她的允许就抚摸她的头，这使她以为一个陌生人可以随意抚摸她的身体，而不经过她的同意。”

真是一不小心“夸”出了错儿。这说明：夸奖，即表扬，掌握不好分寸，同样会产生负面影响，同样不会赢得学生的心。随着课程改革深入，不少教师渐渐摒弃“惩罚”手段，对学生实行多表扬、多鼓励，岂不知这一“多”又可能形成一种误导，造成不良后果。

从目前看，走入“误区”的表扬有这样几种：张口即来的表扬，过多过滥的表扬，分寸失当的表扬，好话多说的表扬以及“误导”的表扬等。这里略举一二。

案例一：

在教学中，我们经常听到、用到这样的表扬：“×××同学真厉害。”“×××真聪明。”“×××很会动脑子。”这是教师在表扬某位课堂上表现出众的学生，教师的表扬也肯定是有出处的。但是换个角度看这种表扬，是否在否定除了×××之外的其他学生了呢？有的教师的表扬，其中意思更有待商榷了：“×××都能想出来，你们为什么不能？”

案例二：

“你想得真好！是个聪明的孩子！教师喜欢你，送你一朵小红花！”这也

是在课堂中高频率出现的表扬话语。想得好，就因为聪明；想不出，就是自己不聪明！殊不知，正是我们这不经意的表扬误导了孩子，以至于有的孩子有了自己的想法，担心讲不好，不敢讲而不讲。

在课堂上不能随意表扬孩子聪明（一部分属于天资），而要赞扬他们在学习过程中所取得的成绩（自己努力的结果）。这样，赞扬行动和品性而非本人，使孩子们有明确的导向，这对其正确人生观、价值观的形成将有所帮助。当课堂上“好”“棒”等简单而又笼统的表扬方式变成了一种“表扬公式”习惯地作用于孩子的大脑时，孩子们对于只停留在形式上、口头上的表扬就会显得不在乎。

表扬的力量对孩子们具有神奇的激励作用。哪怕是教师的一个微笑、一句话语、一个眼神都能给孩子们的精神以极大的激励，唤起他们对生活的向往与期待。在学习的过程中孩子需要教师更多的关注和鼓励，而做教师的则要敏锐地感知孩子心中的那份期盼，恰当地为孩子们“加油”……

1. 表扬赞美要发自内心，要有真情实感

教育家陶行知说过：“教育是心心相印的活动，唯独从心里发出来的，才能打动心的深处。”这说明无论什么样的评价都必须动情。而有的教师在课堂表扬学生时，流于形式，敷衍了事，“好”“不错”成了口头禅。这样冰冷生硬的表扬，不仅缺乏个性，而且谈不上师生之间情感的交流，又怎能让学生欢欣鼓舞呢？

网上曾经有这样一个片段：

教师很刻意地在课堂上表扬学生，用了大量的表扬学生的语言，当一个学生把温度表上的25℃读成15℃时，教师还很“真情地”表扬他说：“你观察得真认真。”说完之后才发现学生读得不对，可是话已出口无法挽回了，当时的局面真的是很尴尬。

课堂上需要教师与学生融为一体，教师表扬学生应是真实的，发自内心的，使学生感受到教师真的是在表扬自己，让学生体会成功的喜悦，从而进步。如果教师只是为了表扬学生而表扬，那么，学生会感到这样的表扬很廉价，从而对教师的表扬没有感觉，久而久之学生就体会不到成功的喜悦了。

2. 表扬要着眼于行为

表扬具有“导向”作用，当然要肯定受表扬者的劳动和努力——行为，从深层次讲，只有个人的行为，才能创造（物质和精神）财富，促进社会成员自身的成长与成熟。

教师要对学生良好的行为表现给予经常的关注和及时的表扬。

学生心里渴望自己的行为引起教师和同学关注，得到赞许。要知道如果他们积极的行为不能达到目的，他们就会采取消极的行为。假如教师没有表扬学生的习惯，不妨现在就试一试，留心学生在做什么，如果他现在的表现让教师感到满意，就马上提出表扬。表扬的力量是巨大的，在教师不断的表扬声中，学生的行为将发生奇迹般的变化，积极的表现会越来越多，消极的行为随之减少。教师也不必担心学生会过度依赖表扬。其实对他们来说，教师的表扬不是太多了，而是太少了。

要明确表扬的目标是行为，而不是学生本身。

当学生做错事时，有的教师气急败坏，张口批评他们自私、懒惰、顽皮、不听话，但不知道怎样才能把他们变得无私、勤劳、温顺。教师如果把注意力都集中到学生的行为上，事情就好办了。所以教师不要说：“你真是好孩子。”而要说：“你帮助别的小朋友，真好。”或者换个说法：“老师喜欢你这样做。”教师一定要明确表扬的目标指向是学生的行为，而不是学生本身。

表扬的方式要得当。

表扬要具体明确，因为这样的目的是增加所期望的行为，所以要让学生知道究竟哪一种行为受到了表扬。表扬越具体明确，学生就越容易理解，并且易重复受到表扬的行为。

表扬学生的进步，首先要确立一个目标。

当学生的行为向已确立目标前进时，即使进步很小，也要给予表扬。比如教师的目标是要求学生玩耍后自己收拾好玩具，尽管学生从来不这样做，但是教师还要坚持不懈地重复这一要求。如果有一次学生把一个玩具放在玩具盒里，表扬的时机就来了，就要及时表扬。

表扬的方式要适合学生的年龄特征。

对年龄很小的学生在口头表扬的同时给他一个吻、一次拥抱或者其他的身体接触，效果将更好。而对大一点的学生的表扬的方式应含蓄一些，可心领神会地向他们眨眼睛，或者竖起大拇指表示自己已经注意到他做得不错。教师不断地尝试，留意哪一种表扬的方式对自己的学生来说是更好的表扬方式，这有助于达到教育的目的。

3. 表扬要针对需要

人和人之间存在差异，人和人的需要也存在个体差异。对学生进行表扬时，无论是精神表扬还是物质表扬都要针对学生的需要进行，这样才能收到更好的表扬效果。周弘老师的《教你如何赏识孩子》中，有一个家长提问："我女儿写作业很慢，一会儿要喝水，一会儿要上厕所，怎么办?"他回答道："想要孩子快，不说孩子慢。你越讲他慢他越慢，在孩子动作快的时候就进行表扬，优点不说不得了，缺点少说反而逐渐少。"确实，在教学中，教师们都抱怨，某学生做事粗心大意、作业磨磨蹭蹭，教师提醒了无数次，说了无数次却不见效。心理学上有一种说法：一种观点，一旦经过多次强化，就会在孩子心中生根。当教师一再指明孩子粗心大意、动作慢等缺点时，学生会形成一种惯性，真的认为自己粗心或动作慢。相反，若教师把目光放在孩子细心的时候，动作快的时候，多次强化之后，学生的心里就有一种"快"的心理暗示，越来越快。因此，教师在针对学困生进行教育时，不妨改变对学生的关注点，用教师的细心、爱心和耐心，发现学生的闪光点，赏识他，增强学生的自信心。对优等生表扬时，不妨提出更高的要求，激励他迎接更大的挑战。

积极的学习情感是学生自主学习的不竭动力。教师要具有敏锐的观察分析能力，善于发现学生发言中的优点，更要善于把这种发现转化为对学生的鼓励赏识。这样，才能真真正正打动学生的心。

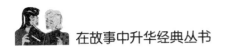

让教育惩罚充满现代民主精神

著名教育家李镇西曾在他的一本书里写过这样一个故事：

我去男生寝室查看了一下，生活管理老师耿老师说他们最近进步不小。我要她说说最好的寝室是哪一间，她想了想说："是付锐、苏畅、张豪博、余鑫那个寝室。"

这让我很高兴。

中午吃饭时，我看到付锐寝室的四个同学，便装作很严肃的样子把他们叫住，他们看我的表情以为犯了什么错误要挨批评，便有点不知所措地走到我的面前，我继续故作严肃："今天，我又去看了男生宿舍。问了问你们的情况，生活老师说……"我故意停顿了一下，终于还是忍不住笑了："你们寝室最好！"

他们一下子也乐了，余鑫说："当然是我们寝室最好啦！"

我要他们保持，并说："千万别再这样！"我比了一个吸烟的动作。

他们说："不会了！"

中午，得知最近有十三个同学没有交地理作业，我很生气。便叫学习委员卢露统计一下本期开学以来缺交作业的情况。然后把最严重的几个同学——戚西川、付锐、余鑫、訾了、王龙等请到了办公室。

我让他们坐下后，很生气地说："到这个学校来工作，我什么困难都预料到了，就是没有预料到学生居然会如此频繁地不交作业！偶尔一两次不交或忘记了交，我可以原谅，但经常不交，很难让人理解！现在李老师是没有办法的，我想问问你们，你们已经读了小学和初中，如果不交作业，老师是怎么处理你们的？我看能否从中寻找点灵感。"

他们纷纷说："做下蹲运动！""罚跑操场！""重做五遍！""罚抄作业十遍！"

我说："哟，都这样罚！我可不能这样做。那不是体罚吗？如果你们没有做广播操，叫你跑几圈是可以的，补锻炼嘛！但没有做作业，不好用锻炼来代替。怎么办呢？我真是没有办法了！”

余鑫说：“请家长嘛！”

我一下火了：“请家长？我们有的家长正是因为已经对自己的孩子没办法了，所以才送到这里来。我请家长有什么用！”

同学们不说话了。

我说：“一切外在的惩罚，都靠不住！只有自己对自己的惩罚，也就是说，只有自己严格要求自己，才靠得住。”

戚西川说：“我很想说以后再也不缺作业了，但我怕做不到。”

我说：“如果你是开学说这句话，我可以理解你。但现在已经过去大半学期了，你缺了这么多的作业，还在说以后可能做不到不缺作业，我就觉得你不像男子汉！”

他说：“那我尽量做到吧！”

“这话我爱听。”我说，“我也没有要求你以后绝对一次作业都不缺了，如果真有什么特殊情况，又缺作业了，我不会以你今天缺作业的事来反问你为什么说话不算数，不，我也会原谅你的。但你不能因此而放松自己，作为你自己，应该以最大的努力保证一次都不缺作业！”

他说：“好！”

其他同学也表示尽量做到不缺作业，不辜负李老师的信任。

我说：“你们看，今天李老师一点都没有惩罚你们，我期待着你们的行动。”

他们走了，我还在想，什么惩罚都没有，但我已经让他们的心灵受到了震动，至少他们不会无动于衷的。我不一概反对教育惩罚，但是，让犯了错误的学生自己感到惭愧，进而产生要改正错误的愿望和信心，这比教师的任何惩罚都更有用。

曾经有一些教师与我在网上争论过教育是否应该有惩罚，我的观点是：

真正的教育首先是充满情感的教育。在学校，任何形式的体罚都必须根绝，因为离开了对学生的爱与尊重，就谈不上任何教育。

但是，成功的教育却不能没有惩罚。

应该说，“教育”本身就包含有惩罚的因素。教育，不仅意味着提高人的道德水平和知识能力水平，同时意味着按文明社会与他人交往的准则规范人的行为，即通常所说的“养成教育”。这种“养成教育”，带有某种强制性

——这种养成良好文明习惯的“强制性”与我们现在反对的思想专制不是一回事。作为社会人，不遵循起码的公共规则与秩序是很难与人交往的。同时，在一个集体中，一个人违纪必然妨碍其他更多的人学习。这样，为了尊重多数人学习的权利，有时不得不暂时“剥夺”个别人的学习权利——也就是说，必须予以必要的惩罚。

什么是“惩罚”？我理解的“教育惩罚”，是对不良行为的一种强制性纠正。这既可以体现在精神上，也可以体现在行为上。前者如扣操行分或纪律处分（警告、记过等等），对严重影响课堂秩序的学生甚至可以请出教室让学生反思其过（对所谓“请出教室”我认为要具体问题具体分析，不好简单肯定或否定）；后者是某些过失补偿性行为（比如做卫生不认真而罚其重做等等）。这些惩罚与尊重学生并不矛盾，正如著名教育家马卡连柯所说：“确定整个惩罚制度的基本原则，就是要尽可能多地尊重一个人，也要尽可能多地要求他。”

但我要说明的是，不管怎样的教育惩罚，都不能是体罚。有的教师认为，既然是“惩罚”，怎么又不包括“体罚”呢？“体罚”不是“惩罚”的一种吗？

这又是一种误解。何为“惩罚”？“惩罚：严厉地处罚。”那什么叫“处罚”呢？“处罚：使犯错误或犯罪的人受到政治或经济上的损失而有所警戒。”而何为“体罚”呢？“体罚：用罚站、罚跪、打手心等方式来处罚儿童的错误教育方法。”（以上解释均摘自《现代汉语词典》）可见，“体罚”从词义上讲，是排除在“惩罚”之外的。只不过现在许多人一提到“惩罚”，总想到“体罚”，这是对“惩罚”一词在理解上的泛化。

我这里还要强调的是，科学的教育惩罚不仅仅是制止违纪现象的手段，而且还应该是有助于培养学生的民主意识与法治精神的途径。也就是说，教育惩罚不应该只是来自教育者，而应该来自学生集体意志。比如在某位教师的班上，所有的惩罚都来自学生民主讨论最后无记名投票通过的班规，因此，这“惩罚”已不是来自教师的“铁腕”（如果这样，很容易导致教师不自觉的“专制倾向”）而是包括教师和学生在内的集体意愿。更重要的是，教育惩罚不能仅仅针对学生，同样应该针对教育者。也就是说，在一个集体中，班主任和学生都应该遵循共同的“规则”，而不能有任何凌驾于集体规则之上的特殊成员。在这里，教育惩罚充满了师生平等的法治精神。当然更容易赢得学生的心。

总之，教育不能没有惩罚，但惩罚不是体罚，而且我们提倡的“教育惩罚”应该充满现代民主精神。这样的“教育惩罚”使民主精神真正深入学生心灵：学生与班主任享有一样的权利，班主任与学生具有同等的义务。在这样的机制中，学生开始尝试着自我教育与民主管理的实践，切身体验着集体与个人、民主与法制、纪律与自由、权利与义务、自尊与尊他的对立统一关系，潜移默化地感受着同学之间、师生之间尊严与人格的平等。这样的教育惩罚，实际上是让学生在实践中受到民主精神、法治（注意，不仅仅是“法制”）观念、平等意识、独立人格的启蒙教育——而这正是面向未来的现代教育所应该包含的基本要义。

这样的惩罚当然会深入人心。

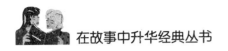

要惩罚，也要尊重和保障学生权利

“没有惩罚的教育是不完事的教育”。惩罚在教育教学工作中是必不可少的手段之一。但是，只知道惩罚是不行的，这必须在惩罚中尊重和保障学生权利，这样的惩罚才更能赢得学生的心。

我们先来看一个案例：

某学校在大操场召开全体师生大会，初二（1）班班主任站在本班学生队伍后面。发现坐在队伍前排的学生甲偷偷用手碰了一下同位的膝盖，两人的头开始靠拢。开始，还比较谨慎，后来胆子越来越大，干脆侧着头说起来。班主任忍无可忍。径直走到前排，将他俩揪起来，压低声音喝道：“站着吧！”

两个学生低头站在队伍前面，特别显眼，成为全校注目的焦点。直到大会结束，操场上的学生都走光了，他俩还站在那里。又过了十几分钟，才被叫回教室挨训。

班主任老师让两个学生站在队伍前面，与一般罚站不同，是一种明显的羞辱性罚站。等于公开向全校师生说：大家都看看这两个不遵守大会纪律的家伙，看看他们的可耻嘴脸吧。羞辱性罚站就是要生生撕破学生的脸面，是侵犯学生的人格尊严。

也许有人说，犯了错误，他自己不要尊严，还给他讲什么尊严？这种认识大错而特错。他犯了错误，可以按规定惩处，但必须让他在整个惩处过程中始终保持自己的尊严。他犯了错误，我们不能再犯错误。我们羞辱他，是我们犯错误。

早在明清时期，剥皮食草、砍头凌迟，都是要“示众”的，要的就是让你死也死得没面子。多少年来，人犯了错误或犯了罪，要戴高帽子或站在车上“游街示众”，将人的尊严撕扯得干干净净。让人活得没面子没尊严，是我们一个不好的传统。

改革开放以来，我国人权状况不断改善不断进步。别的不说，单说这几年兴起的执行“注射死刑”，实质就是让死刑犯也死得有尊严。这就是了不起的进步。2004 年 6 月 18 日，最高人民法院院长肖扬强调：“在任何情况下，不能剥夺犯罪嫌疑人、被告人和犯罪人的人格尊严。即使对于罪大恶极的犯罪人，也‘可杀而不可辱’。”

人格尊严是人不可被剥夺的权利。一个人犯了罪，经法院审理可判决剥夺他的生命权，却不能判决剥夺他的人格尊严。犯罪人尚且如此，犯了错误的学生就该被老师侵犯人格尊严吗?

学生说话，是召开全校大会时常见的情况，完全可以用“当众罚站”以外的方式处理。比如，班主任可考虑提醒他们，制止他们的违纪行为，保证大家把大会开好。可以让学生由后往前小声传话告诫他俩或者将他俩中的一个叫到队伍后面来提醒一下。如果考虑得更细致更周全一些，班主任可写一张纸条提醒他俩不要讲话，然后将纸条折起，在外面写上“请往前传，交给某某同学”，班主任署上自己的名字，让学生传到前面去。待大会结束后，班主任再批评教育那两个违纪同学也不迟。

我们再来看另外一个案例：

上课后，班里老有“嗡嗡”的声音。数学老师一边讲课，一边仔细辨听声音的来源。终于发现了“肇事者”——刘华，于是提醒道：“刘华，请不要讲了。”

刘华被点名后不自然地动了一下身子。没过几分钟，“嗡嗡”声又起。尽管这次刘华讲话时尽量嘴不动，还是被数学老师发现了，因为刘华的同位因听不清他说的是什么而将耳朵更靠近了他。“刘华，请站一下吧。”

刘华站了起来。数学老师继续讲课，大概过了一二分钟，数学老师见刘华不再讲话，就挥了挥手，让刘华坐下了。

数学老师让讲话的学生刘华罚站并无不妥，是必要的。

首先，刘华讲话影响了老师的讲课和同学们的听讲。尽管他是无完全民事能力的未成年人，但从侵权的角度看，他已经侵害了教师正常工作的权利和学生正常学习的权利。这是一节数学课，数学老师负有保证这节课正常进行的职责。如果他对刘华的“嗡嗡”讲话不闻不问，是失职，是对全体学生学习权利的漠视。可喜的是，他及时提醒刘华“请不要讲了”。刘华并不理会老师的提醒教育，用更隐蔽的方式继续违纪，属于明知故犯。

在提醒教育无效的情况下，数学老师请刘华站起来——罚站，实际是被迫用一种更为严厉的方式警示刘华要中止违纪行为。刘华站起来后中止了违纪，不再讲话。不到二分钟，数学老师示意他坐下。整个处理过程和风细雨，不露声色。数学老师把握处罚极有分寸，做到了既使刘华认识并改正了错误，又不伤及他的身体与自尊。当然，站起来对他来说是有些不自在，但这是他侵害了老师和同学的正当权益而应该付出的代价。

上述两个案例告诉我们，与在社会领域我们过多强调公民应尽的义务一样，过去在教育领域，我们同样过多强调学生应尽的义务，如强调学生应遵守纪律，应完成作业，应卫生值日等等，却忽视了他们应享有的权利，如人格尊严、隐私、休息等权利。

现在，与在社会政治经济领域开始注意公民的权利一样，在教育领域，我们也开始强调学生的权利。由过去的忽视学生权利到现在的强调学生权利，大声疾呼以引起人们的重视，是可以理解的，也是必须的。但我们在大声疾呼的同时，要尽量避免犯片面性的错误。如果只强调宣传学生应享有的权利，忽视学生应尽的义务，很容易造成某种思想上的混乱，对于顺利实现学生权利是很不利的。

权利与义务不可分割，享有权利就要尽相应的义务，不尽义务就要失掉权利。比如说，学生甲享有教育权，但他接受教育是在学校，他是在班级中学习，而班级中有几十个同学，这些同学每人都享有与学生甲相同的受教育权，为了确保实现每个班级成员的受教育权，每个班级成员都必须履行自己的义务，那就是不得影响、妨碍其他班级成员的正常学习。

在这里，把“学生应尽的义务”具体化，就是每个班级成员都必须遵守大家共同制定的课堂纪律。哪一个班级成员不尽义务，破坏课堂纪律，妨碍其他班级成员正常上课，他将失掉自己的某些权利。如果哪一个班级成员搅得全班无法上课，他将失去自己的受教育权，因为如果他不失去受教育权，其他班级成员的受教育权就无法实现。权利是平等的，意义就在这里。

每个人实现自己享有的权利的前提条件是不能妨碍、侵害他人的正当权利。

甲蓄意抢劫乙的财物，不遵守社会中大家共同遵守的行为规范，也就是不尽自己对社会的义务，那么甲必将被依照保障公民权利的“法律”判处有期徒刑，失掉自己的身体自由权等多项宝贵权利。这是体现社会领域中公民权利与义务关系的法则铁律。

在教育领域，学生虽然是未成年人，但他的权利与义务也是一致的，妨碍、侵害其他同学的正当权利，他也将失掉自己某些宝贵的权利。只不过是处罚的程度远不及成人社会，但处罚是必须有的。案例中的“罚站”确实会使某个学生失掉身体自由权，但如果他违反课堂纪律，又无视老师的提醒，那么老师处罚他暂时失去身体自由权，让他明白自己要为自己的违纪付出代价，是完全正当的，也是完全必要的。这就是第二个案例当中的“罚站”应当被肯定的理由。

总而言之，我们应当明确，“尊重和保障学生权利”是尊重和保障每一个学生的权利，是尊重和保障在班集体中学习的每一个学生的权利。我们还应当明确，我们不能因为要尊重一个学生的权利而置多数学生的权利而不顾，也不能在惩处违纪学生时侵犯他的人格尊严，惩处要合理规范，要合乎大家共同制定的有关制度规定，这样才能最大限度地赢得学生的心。

外围突破：赢得家长的心

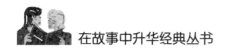

有人说过：赢得家长好感的最好方式就是夸奖他的孩子。同理，一个教师要赢得学生的心，得到家长的认可和支持是必不可少的。所以，作为教师和班主任，我们不妨采取“外围突破”的策略，从做好学生家长的工作开始，一步步赢得学生的心。

那么，如何做好学生家长的工作呢？

1. 尊重家长，耐心细致地做工作

人际交往贵在相互尊重，班主任对待学生家长，不论其地位高低、生活贫富，都应当尊重。因为离开了尊重就谈不上平等，没有平等哪有心灵的沟通与交流？我们如果不尊重家长，既会伤害家长，也会伤害学生，而且影响班主任的威信。班主任与家长谈话态度要谦和，语言要礼貌，言词不可过激，不能盛气凌人，更不能把对学生的怨气发泄在家长身上，切不可训斥家长，对家长的意见要耐心倾听，不要轻易打断，要以诚相待，坦率地交换看法，让家长感受到老师的一片诚意。

小张的父亲是个私营企业主，赚了不少钱，但对孩子的教育从不过问，他的口头禅是“树大自然直”。班主任赵老师决定去小张家，和他父亲好好谈谈。走进小张家，他父亲十分傲慢，仰坐在老板椅上，一直在打电话。赵老师不急不躁，不卑不亢，等老张打完电话，就从他孩子在学校的表现谈起，先谈优点，再谈缺点，先说现在，再讲未来。赵老师把他所知道的如何教育孩子的典型案例，尤其是那些“树大不直”的反面典型，一个个惨痛的教训，说给老张听，老张静静地听着，不住地点头。最后，他非常诚恳和信服地说：“老师，谢谢您给我上了一堂课，过去我一直不重视孩子的教育，现在看来错了，今后我一定配合您教育好孩子。”从此以后，老张变化很大。他经常打电话询问孩子在校的表现，并汇报孩子在家的情况，与老师配合得很好。在老师和家长的共同教育下，小张有了很大的进步。

班主任在与家长的交往中难免会产生矛盾，甚至发生冲突。当冲突发生时，班主任该怎么处理呢？

学生小夏的家长千方百计地把孩子弄进省重点中学，以为万事大吉了，加上孩子在家里很听话，因此家长长期不过问孩子在校的表现。可是，小夏在校纪律散漫，课堂上又讲话又做小动作，影响周围同学听课。同学们都很讨厌他。他平时还不做作业，经常被老师点名批评。当问及父母是否在家时，小夏总是说父母出差未归。后来，班主任周老师了解到其父母从未出差，就立即进行家访，向小夏父母讲了孩子在校的表现。家长听后一方面表示惊讶，同时又表示对老师的不满，说："老师，这怎么可能呢？我家孩子我知道，很老实，很听话，不会这样的。我们花钱把孩子送到学校，孩子在学校出了问题，这是老师的责任。"周老师一听，意识到孩子父母在护短，便不再说什么就离开了。

一天上午，音乐老师来"告状"："这堂音乐课，小夏在下面总是嘀嘀咕咕说俏皮话，弄得大家发笑，引起课堂骚乱，无法上课。"周老师听了很恼火，把小夏严厉地训斥了一顿后，接着打电话给他父亲，可是这位父亲在电话里却责怪周老师总是找他孩子的茬，周老师也在电话里埋怨他替孩子护短，就这样，你一句，我一句争执了起来。事后，周老师觉得双方都不冷静，这样下去不行，孩子会愈来愈差的。过了几天，他再次走访小夏家。这次家访，周老师让小夏在场，一开始周老师对自己过去的不冷静做了自我批评，望家长谅解，然后又列举了一些实例，针对小夏存在的主要问题，向小夏提出了要求和希望。在与家长诚恳交换意见中，劝导家长处理好爱与严的关系。最后，周老师希望家长多关心孩子成长，配合学校对孩子进行教育，对于自己工作中存在的问题，提出宝贵的意见。周老师对孩子实事求是的善意批评和诚恳真挚的态度，让家长很感动，家长也作了自我批评，于是，矛盾化解了，老师与家长的思想逐渐统一起来。

放学了，小李一下课就直冲出教室，不小心与迎面而来的同学撞了个满怀，小李的头撞破了，到医院缝了四五针。晚饭后，班主任宋老师去小李家看望。不料，他父亲竟发起牢骚来，言下之意是说老师不负责任。宋老师走到床前看望小李，询问他的伤情，叫他安心休养。当家长的火气渐消时，宋老师真诚地说："其实，也真别怪你发火，如果是我，可能比你的火气还要大，孩子中午去学校时还好好的，傍晚竟包着头回来了，哪个家长不心疼呢？做老师的是干什么的，下课时为什么不关照孩子小心点呢？"见小李父亲不说话，宋老师接着说，“其实，做老师的哪有不关心孩子的，对孩子的安全是时时提醒的，今天的事情纯属意外。还好，事情发生后，在场的两个老师立即把孩子送到医院。不管怎么说，这件事对我们来说是个教训。”宋老师耐心地把事故的来龙去脉对家长讲清楚，家长的怨气渐渐消了，最后他请宋老师原谅自己的无理。

班主任在做家长工作时，要有一种良好的心态，要能听得进不同意见，不能感情用事，切勿发火，同时态度要坦诚，推心置腹，讲话要入情入理，以理服人，这样就一定能够说服家长，形成教育合力。

2. 家访时不要告状，以免激化矛盾

班主任切记不要将家访变成告状，告状不仅不能解决问题，反而会使矛盾激化。因为老师走了以后，家长因生气而可能会打骂孩子，于是孩子就恨老师，恨父母，使师生关系、亲子关系恶化，大大影响教育的效果。

魏老师就从不越过学生向家长告状。对于学生的缺点、错误，他总是先劝说，若两次不改，则由学生本人告诉家长，再由家长写一个知道此事的条子，让学生带给老师。这样学生变得诚实，家长很高兴，老师在学生中的威信也提高了。如果学生实在不愿意报告家长自己的不良行为，魏老师就跟他商量，再给他一次改正的机会，如果再不改正，那就一定得报告家长了，这时学生也就无话可说。魏老师最反对学生偶有小过便找家长告状，这实际上在向学生宣布自己的无能。

3. 开好家长会，搭建沟通与理解的桥梁

家长会是班主任和家长交流信息、互相理解、协调一致的重要渠道。开家长会能使家长更好地了解学校的要求，了解自己孩子在学校生活的情况，同时也使老师更好地了解家长，了解学生在家里的情况，从而使家长和老师达成默契，形成合力，更好地培养和教育学生。

家长会的参加者可以是家长，也可以家长、学生一起参加，可以是全体家长，也可以是部分家长。其内容可以是学期总结汇报，也可以是专题研究探讨，如“怎样健体?”“怎样育心?”等等。

家长是家长会的主角而不是配角，只有充分发挥家长的主体作用，使他们能够积极、主动地参与，才能取得良好的效果。那么，如何使家长成为主角呢?

（1）让家长看。

首先，要有一个优雅的环境。教室要清洁，窗户要明亮，桌椅要整齐、干净，在黑板上可书写“欢迎您，××班大家庭的一员！”给家长以清爽、亲切之感。其次，展示学生学习和创造的成果，如优秀的作业本和各种小制作等等，让家长了解孩子的成绩和表现。最后，可通过多媒体的形式，把学生平时的学习、生活情况用影像生动地反映出来，使家长对孩子的校园生活有一个形象的了解。利用网络和多媒体技术，使老师和家长的交流更加便捷。班主任可将班级总体情况、学生的个人档案、每位教师的情况以及优秀的家教经验和学习经验等资料，制作成班级网页，挂在校园网上。家长只要轻点鼠标，就可以了解班级和孩子的各方面情况。

（2）让家长听。

首先，听班主任和任课教师的情况汇报，主要是介绍学生在校学习的情况及老师们在教学中做了哪些努力，帮助家长了解学生、理解老师。其次，让班长和班委汇报班级各方面工作情况。最后，可让每个同学准备一个两分钟发言，把自己在校的表现、取得的成绩、今后的打算、对父母的要求等，告诉家长。

田老师以“爸爸妈妈，您听我说”为题，召开了一次家长会。同学们说得很真诚，他们在台上讲，许多家长在台下感动得流泪。会后，有的家长说：“我一直觉得我的孩子很差，从来不知道他能讲得这么好。”还有一位家长激动得一句话也说不出来，因为他倔强的女儿在会上说：“中国人最吝啬说的一个字是‘爱’，但我今天要当着全班同学和这么多叔叔阿姨的面，说一声‘爸爸，我爱你’。”多日来弥散在父女间的阴云被这个爱字吹散了。

（3）让家长说。

首先，可以请优秀学生的家长介绍他们的家教经验。其次，可以就目前学生中普遍存在的问题及家长所关心的热点进行探讨。再次，可以请家长谈谈对班主任工作的意见和建议，以利于改进班级工作。最后，可以让学生和家长对话，说说各自的心里话，以增进理解。

班主任丁老师以辩论的方式，召开了一次家长会，分别以学生和家长各为一方，围绕“家长不理解学生”和“子女不理解父母”两个问题，展开了激烈的辩论。起初，双方各自从自己的角度，列举了许多事例来论证对方不理解自己。后来，当大家将心里话都说出来之后，渐渐地得到了对方的理解。

他们都承认过去互相有不理解的地方，因此在行为上有不妥当之处，认识到理解应该是双向的。最后，一位同学的妈妈表达了所有家长的心声："同学们，理解是相互的。听了你们的发言，我们很受教育。我们对你们是有不理解的地方，我们有些做法是不妥的。我们如不认识和改进，就不配做你们的父母。可是我要说一句你们还理解不了的话，家长没完全理解你们，那是出于爱。'爱之过深，恨之过切。'尽管你们列举了那么多事实，想以此说明你们是理解我们的，但这是表面的、肤浅的，现在要求你们完全理解父母是不太实际的。因为真正理解要等10年、20年之后，等你们做了父母，你们才能真正体会父母这一片心。"近4个小时的辩论会，拨动了学生与家长"理解"的心弦，产生了很好的教育效果。

（4）让家长做。

首先，请家长把对孩子的希望和评价写下来，让孩子了解父母对自己的要求和期待。其次，家长和孩子可一起参与一些活动，如让父母和孩子说说彼此的爱好，猜猜彼此的愿望等，以密切亲子关系。

马老师组织了一次以颁奖活动为主题的家长会，让孩子与父母坐在一起，由几位同学给大家颁奖。如"你积极要求进步，活泼开朗，给全班带来了欢笑"；"你的成绩很好，这是你刻苦努力的结果"；"你的成绩虽然一般，但你的乐于助人令人难忘"……全班每个同学都受到了奖励。主持人将大家共同认定的评价书和奖状交给家长，再由家长亲自交到自己孩子手中。拿到奖状的家长和孩子无不感动，他们纷纷上台发言，以表达自己激动的心情。

班主任要善于调动家长的积极性，充分发挥家长的主角作用。开完家长会，班主任还可以和个别家长交流。在和家长谈到孩子时，要多赞扬，少批评，要对不同的孩子提出有针对性的不同教育建议，帮助家长更新教育理念。

除了家访和家长会，班主任还可以通过电话、短信、网络、家长联系册、家长接待日等方式和家长沟通。此外，还可以发挥家长学校、家长委员会等组织的作用，使学校教育和家庭教育协调起来。

4. 耐心说服，化解亲子矛盾

孩子和家长之间经常会产生矛盾，有时还相当尖锐，需要班主任从中调解。

有一天，一位家长怒气冲冲地跑到学校，向魏老师告状："我的孩子在家常常发脾气。早晨叫他，他不愿起来，好不容易起来，因为快到上学时间了，不吃饭就往学校跑。平时在家学习，总是边玩边学，拖拖拉拉。有一回，老师要检查，他补作业一直到凌晨4点。他最听老师的话，您可得狠点管他。”有的家长告状内容更具体，说孩子在家不爱洗脸，即使洗了，也特马虎，连腮帮子都不洗，都14岁了，常常还得家长帮着洗脸。

现代中学生普遍不做家务。家长开始舍不得让孩子做，后来，想让孩子做点事，但孩子不愿也不会做。怎么办呢？魏老师给学生出了个题目——“替父母分忧解愁”，要求大家每人写一篇日记，想一想父母抚养自己的艰难，自己承担一点力所能及的家务，让父母能休息一下。然后，让学生在班上介绍自己为家里做了什么事，让学生体验为父母分忧解愁的幸福感和自豪感，这样渐渐地树立了做家务光荣的观念，一些不爱劳动的学生逐渐学会做家务了。

也有学生告家长状的：家里管得太严，母亲太爱唠叨，一天到晚总是教训个没完没了。考试成绩不好，还得罚跪，有的甚至要跪搓衣板。魏老师对学生说：“家长是为你着急，恨铁不成钢啊！方法虽然过火了一点，但心里全是为了你。如果你能化疼痛为力量，奋发学习，成绩上去了，你还得感谢搓衣板呢！”与此同时，魏老师去做家长的工作，他把家长请到学校来，向他们介绍孩子在学校的优点，劝他们在批评孩子的同时，要肯定孩子的优点，这样孩子容易接受。魏老师还谈到体罚的危害性，为什么体罚在孩子小时候还有点效，越大越没效。那是因为孩子的自尊心受到伤害后，会产生逆反心理，从根本上影响孩子和家长的感情，许多青少年犯罪就是由家庭暴力所引起的。

班主任解决亲子矛盾还可以让孩子和父母互相写信，用文字表达思想和感情，这样可以减少直接冲突，逐渐消除误会，加深了解，拉近心灵的距离。

总之。做好家长工作，对教师和班主任赢得学生的心有不可限量的推动作用。

美化，让教室更温馨

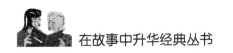

西方著名教育家杜威曾说："要想改变一个人，必须先改变其环境，环境变了，人也就被改变了。"环境不仅能制约一个人学习、工作的心情，更会对一个人品德的培养、习惯的形成产生深远的影响。在学校里，教室是学生学习、活动的重要场所，是教师向学生传道授业的重要阵地。

教室布置的好坏，能反映出一位班主任的带班能力，而且温馨舒适的环境更能赢得学生的心。

我们先来看一位班主任对此的见解——

泰戈尔说："不是槌的打击，乃是水的载歌载舞，使鹅卵石臻于完美。"学生的思想引领、人格塑造，是一个漫长、渐进的过程，它同样需要像载歌载舞的水一般灵动、诗意、执著。班级环境布置，在无声地营造着育人的氛围，是值得关注和雕琢的一个阵地。我觉得，它可以也应该从"水文化"中得到启示，汲取营养。

(1) 山锐则不高，水狭则不深——教室环境布置要淡化"功利"。曾经看过这样一个教室：前黑板左上角是醒目的"距离××考试还有××天"的提示，黑板上方的标语是"读书改变命运"；教室后方的黑板报内容是"学习园地"，有数学擂台、学习方法大观园等栏目；黑板报左右的宣传栏张贴着每个学生的考试目标。似乎这样还不够，在教室的右侧墙面上，班主任还别出心裁地布置了"状元榜"，张贴着历次考试第一名的学生照片……我悄悄地问一些学生，走进教室的感受是什么，得到的最普遍的答案是"紧张""压抑""忧虑"。

应该说，这样的教室布置肯定是出自于一个责任心强，也善于动脑筋的班主任之手。但这样的教室布置，缺陷也是明显的：过于单一的暗示，制造了心理的紧张。注意力的适度引领，会使学生产生"内紧"状态，能促进行动的效率，是有积极作用的，但紧张过度，则会走向反面，产生焦虑，抑制思维，甚至诱发逆反。所以，班级的环境布置不能没有导向，但也要把握好度，切不可过分“功利”。

（2）流水不腐，户枢不蠹——教室环境布置不能是“凝固的音乐”。走进很多班级，布置堪称精美。但细一问，或许此布置已经维持了很久——一个月、半学期，甚至更长时间。开学初，许多老师布置教室的积极性往往很高，学校督查的力度也很大。热一阵过后，教室不“空落落”的了，大家心里也就坦然了。在这样的班主任眼里，教室布置只是任务，只是形式。这样的教室布置，正如一潭死水，在学生的心里掀不起半点涟漪，成了没有生命活力的摆设。

我和学生形成了这样的共识：让我们的教室成为潺潺流淌的小溪，不断带给我们新的营养、新的风景。我们首先约定了有关栏目的更新周期，黑板报两周更换一期，宣传栏每月作一次改版。接下来，我们依据校历表以及学期教育关键词（本学期，我班建设的关键词是“尊重”），在学期初拟订了一学期的出版计划，并明确承办小组。同时，我们还成立了黑板报、宣传栏质量考评小组（由宣传委员和各合作小组组长组成），给每期黑板报和宣传栏亮分。在板块定期更新的同时，我们还设置了一些常换常新的栏目，黑板报上有“表扬栏”和“曝光台”，每日更新，宣传栏设置了“辉煌一刻”专栏，采用填充式更新，即随时把取得不俗成绩、为班级争光的同学的事迹和照片制作成32K的卡片展示出来。补白式的操作留给更多的学生期待、希望和机会，起到了很好的暗示和激励作用。

（3）如人饮水，冷暖自知——教室环境布置要“曲高和不寡”。看过很多教室布置，感觉到有一种现象比较普遍，那就是教室布置的取材多局限于名人名言、名人典故。给学生以崇高榜样的引导本无可非议，但是渲染过分，似乎会给学生以威压，缺少自主意识的张扬，有“曲高和寡”之不足。我班的做法是，让学生鲜活的思想成为教室布置的主角。悬挂的条幅是学生创作的“凡人智语”，才艺大看台不断推出的是学生的文学、书法、绘画、小制作作品，《班级宣言》每一条的后面都有原创者的名单……在这方天地里，“我”是思想的主人。

生命教育理念告诉我们，成功的教育，要追求“生命在场”的境界，新课程理念下的德育，也强调“唤醒”而不是“灌输”。教室布置，不能忽略这样的规律：有“德知”，才能建构“德识”，并进而引导“德行”，培养“德性”，只有充分尊重主体的德育，才是有效的德育。

（4）兵来将挡，水来土掩——教室环境布置要“不惧挑战”。初中阶段，是孩子们的生理、心理发生巨变的时期。伴随着成长的，是无尽的烦恼和困惑。教室布置在对学生进行理性引导的时候，不能无视孩子们感性抒发的需求。这学期，我们班的宣传栏已经做完了“爸爸妈妈，我为什么不听话”“老师，我想对你说”“网络，想说爱你不容易”“其实，这并没有什么”等专题。每个专题之后，我们都要进行一次讨论或辩论，把可借鉴的东西告诉孩子。

心理学上著名的“破窗理论”告诉我们，当问题出现的时候，理智的做法不是漠然或回避，而是积极地面对。教室环境布置这个阵地建设，更不能漠视这个规律。

教室，是学生生命活动的主要场所，它不应该是思想的桎梏，而应该是青春的家园。营造一个和谐、自由、灵动的氛围，是教室布置应有的价值追求。

这样教师的见解值得我们重视。那该怎样布置我们的教室呢？

大凡去过幼儿园的人，都会喜欢那里的环境布置。操场不管是大的还是小的，总有孩子们爱玩的滑梯、秋千、沙坑，学校的橱窗里有小朋友和老师们快乐的身影，而走廊的墙面上，在绿叶的映衬下挂着孩子们幼稚而可爱的图画。循着绿色的长廊，来到教室，那简直就是一个童话世界。教室的背景是一棵大树，如此茂密而且硕果累累，抬头就能看见好多诱人的水果，有香喷喷的苹果、黄灿灿的橘子、紫得像玛瑙的葡萄……在教室中央的小桌上，放着好些拼插玩具，孩子们面对面坐着，开心、认真地玩着，不时和旁边的小伙伴交流、嬉笑。进门的角落里有一个置物筐，冬天孩子们御寒的手套、围巾，夏天路上遮挡太阳的帽子都放在这里。教室内外墙上，不时变换着内容，有孩子的食谱、游戏安排、活动项目，老师提供的家庭教育中的窍门，还有每个孩子的图画、手工制作。教室的窗台上还有一些小花小草、养在鱼缸里的小金鱼。最里面的角落是个图书角……

就在这样一个童话乐园里，小孩子爱老师、爱同学、爱自己的班级。

小学生的班级还能让我们看到一些童趣，而一走进中学校园，就会发现，教室环境几乎是千篇一律。

如果学生能在教室窗台上、墙上看到自己喜欢的东西，那么就会对这个“班级”产生归属感。而这正是班主任在进行班级管理中所期望看到的。

1. 让班级有“花香”

植物是生命，有了绿叶红花，教室充满生机；动物是生命，有了金鱼的游弋，教室充满活力。每个学生爱护着自己的、同学的“宠物”（宠爱的生物），仿佛那些“宠物”就是他们的化身，他们在比试着美丽、比试着旺盛、比试着顽强。

也许，你会觉得一个班级有这些东西，太烦琐了，学生若把花碰翻了、把鱼缸打碎了，班主任凭空又多出好些事来了。可这恰恰能够约束学生们的行为，同时吸引每个人为班级贡献一些个人的资源，吸引每个人为班级倾注更多的心血，从而培养他对班级这个“家”的更深刻的情感。

养花养鱼开头容易，坚持下去却不容易，班主任要分阶段地加以提醒、评比，相信这会成为班级中每个学生最引以为骄傲的风景。在养花养鱼的过程中，我们的学生不仅仅在关注生命成长的过程，也在养心啊——善心、恒心、细心、耐心、责任心……引导学生的成长就从引导他们养花、养鱼开始吧！

2. 让班级有“书香”

全世界的人都一致认为犹太人最聪明、最富有智慧。犹太人为什么聪明呢？

在每一个犹太人的家庭里，当小孩稍稍懂事时，母亲就会让孩子亲吻涂有蜂蜜的《圣经》，意在告诉孩子：书是甜的。

古代犹太人的墓园里也常常放着书本，因为犹太人相信“夜深人静时，死者会出来看书”。他们认为生命有结束的时候，求知却永无止境。

犹太人家庭的孩子，几乎都要回答这样一个问题：“假如有一天你的房子被烧毁，你的财产被抢光，你将带什么东西逃命？”如果孩子回答是钱或者钻石，母亲将进一步问：“有一种没有颜色、没有气味的宝贝，你知道是什么吗？”要是孩子还是回答不出，母亲会告诉他：“孩子，你将带走的不是钱和钻石，而是智慧。因为智慧任何人都抢不走，只要你活着，智慧就永远跟随你。”

让大脑充满智慧的最好办法就是：让读书成为我们每天的生活。

设立一个“图书角”，让学生和老师的好书在这里汇集，让学生在阅读中与大师对话，与圣贤交流；班级再订上一两种报刊杂志，让学生学会“家事国事天下事，事事关心”；定期召开“读书会”，让学生的思想和更多美好高尚的思想在这里碰撞；还可以来个“读书竞赛”，给学生的读书热情加加油；偶尔将家长会变成“亲子读书会”，让阅读的热情蔓延到每一个家庭；不妨联合其他班级搞个“读书征文”，让学生找到读书的真正乐趣，使学生越来越喜欢读书，乐于在书的世界里流连，在书的世界里陶醉……

有人说：“阅读不能改变人生的长度，但它可以改变人生的宽度；阅读不能改变人生的起点，但它可以改变人生的终点。”让我们带着学生一起去体味吧。

3. 让班级有“心语”

黑板、课桌、墙壁是“心语”的开发地。

黑板留言——格言警句。在黑板的固定角落，每天由一位学生写上一句名人名言、哲理警句。魏书生说：“我觉得格言警句，像一盏盏心灯，倘若在学生心灵中点燃，会有利于学生选择正确的道路，朝着自己理想的高峰攀登。”天天点亮“心灯”，这一盏盏思想的明灯，将引导学生树立起正确的人生观和世界观。

课桌留言——座右铭。每个学生的座右铭都包含三个内容：自己最崇拜的人的名字或照片，班级里自己的竞争对手的名字，针对自己不良习惯的警示语。

墙壁留言——写满快乐与自信。可以是悬挂的一本“好人好事”；可以是班级活动剪影；可以是学生引以为自豪的图画作品、手工制作、书法笔墨；可以开辟一块“优乐园”，把所有学生的照片和优点卡贴在里面，卡上的优点还可以不断增加，让学生在班级里快乐地成长，自信地微笑。

也许，角落里，还有“心语”的开发地。放扫帚的地方，不妨让它成为“天将降大任处”，靠门的墙上一句温馨的提醒：“如果你是最后一个离开教室的同学，请检查灯、窗、门是否已关好。谢谢!”

只要我们用心引导，学生还会开发出更多更妙的“心语”天地呢！每一个走进这个班级的人一定会觉得这里的桌子、扫帚都会说话！每一个角落都散发着生命的芬芳!

这样的教室怎能不赢得学生的心!

多才多艺更有吸引力

刘老师是一所学校的英语教师。他知识渊博，以现代教育理论为指导，在教学中能综合运用教育学、心理学的原理，采用多种现代化的教学方法与手段，培养学生受教育意识，训练学生思维方式，提高学生文化素养，这样逐步形成自己的教学风格，使他所任班级学生的整体水平显著提高，经他辅导的各类竞赛得奖不下百人。刘老师不但精通英语，每次英语夏令营开营时都亲临其间；同时他还爱好钢琴，在各类大赛上屡屡得奖，连他指导的学生也崭露尖尖角；对于编排节目，他总是积极认真地带领学生去完成，他自己的节目也都算得上是一个高质量的节目。对于其他一些演讲比赛、说课比赛、书画比赛，他都积极参加，说是给自己一个锻炼的机会。只要他的学生们一说起他，无不竖起大拇指，啧啧称赞："咱们刘老师，牛！"

刘老师为什么能赢得学生们的心？

我想，除了他过硬的专业技能外，与他的多才多艺也密不可分。

随着时代的发展，教师不再是教语文只懂语文，教数学只懂数学即可，而是需要样样都懂、样样都行，这就要求教师成为多才又多艺的"通才""全才"，能胜任学校的每一项工作。那么怎样才能使教师自身多才又多艺呢？

1. 要不断学习

一所学校要成为名校，首先要有文化积淀。一名教师要成为名师，也必须要有文化积淀。而积淀的形成，一条最重要的途径就是学习。这个学习，不但要学习专业知识，而且要学一些相关的学科知识、教育科学研究知识及一些美育、德育知识，尽量使自己具备现代教师的知识结构，使自己在知识才能上胜过他人。同时，作为教师，还可以学一些钢琴、琵琶、书法等艺术，以陶冶自己情操，提高自身修养，成为真正的多才多艺的现代教师。

2. 要不断挖掘

有人说："人的潜能是不可估量的，就看你怎样去挖掘。"确实，我们大多数人都潜伏着巨大的才能，这种潜能一旦被激发，便能做出惊人的事业来。如在美国西部某市的法院里有一位法官，他中年时还是一个不识文墨的铁匠，现在60多岁了，却成为了全城最大的图书馆的主人，获得许多读者的称誉，被人认为是一位学识渊博、为民谋福利的人。这位法官惟一的希望，是要帮助同胞们接受教育，获得知识。可是他自身并没有接受系统的教育，为何会产生这样宏伟的抱负呢？原来他不过是偶然听了一篇关于“教育之价值”的演讲。结果，这次演讲唤醒了他潜伏着的才能，激发了他远大的志向，从而使他做出了这番造福一方民众的事业来。因而，要想使自己成为多才多艺的现代教师，也得不断地挖掘自己、认识自己。确实，有些事情你不去做，总觉得你是不懂、不会的，若一旦你去做了，你就会觉得做这件事并不是很难，你也能做好。如有位老师，从未排练舞台节目，她总觉得这事是属于艺术细胞特强的人干的，自己肯定不行，但在今年的“六一”儿童节，由于时间紧、人手少，她也不得不被推上场，结果经她指点的舞蹈居然抢了个“头彩”，从而使她对自己有了新的认识：嘿，想不到我也行！由此可见，一个人的才能并不是生来就有的，而是需要他自己去挖掘、去发现！

那么怎样才能激发一个人的潜能呢？

经调查有关成功人士得知：有的是由于阅读富有感染力的书籍而受到启发；有的是由于聆听了富有说服力的演讲而受到感动；有的是由于朋友真挚的鼓励而受到激发。而对于激发一个人的潜能，作用最大的往往就是朋友的信任、鼓励、赞扬。因此，在人的一生中，无论何种情况下，你都要不惜一切代价，走入一种可能激发你的潜能的气氛中，可能激发你走上自我发达之路的环境里。努力接近那些了解你、信任你、鼓励你的人，这对于你日后的成功，具有莫大的影响。你更要与那些努力要在世界上有所表现的人接近，他们往往志趣高雅，抱负远大。接近那些坚决奋斗的人，你便会在不知不觉中深受他们的感染，培养奋发有为的精神。如果你做得还不十分完美，那些在你周围的人，就会来鼓励你做更大的努力、更艰苦的奋斗。

3. 要善抓机遇

西班牙著名作家塞万提斯的经典作品《堂·吉诃德》中有一句话：“有关着的门就有开着的门。”那扇为我们敞开的大门，就是机遇。人生中，机遇的出现有其偶然性和必然性。善于抓住机遇的人，处处是机遇；轻视机遇的人，即使良机来敲门，也会错过。所以对于机遇，我们必须要有认识能力、驾驭能力。只有捕捉住机遇，才能使机遇由可能性向现实性转化。如：同样是条件等同的两位教师，A 教师能积极参加各项活动，如教学论文竞赛、演讲比赛、组织活动，别人就说：“A 老师可真是多才多艺，瞧，他什么都会，什么都干得这么好！”而 B 教师虽有这样的实力，但却不善表现自己，于是别人对他就没什么印象。可见，每一个人都应善于抓住机遇，作为一个多才多艺的现代教师，更应善于抓住机遇，展现才华，表现自我。

4. 要敢于梦想

梦想者是人类的先锋，是大家前进的引路人。他们毕生劳碌，不辞艰辛，弯着背，流着汗，替人类开辟出平坦的大道来。大家都知道，对世界最有贡献、最有价值的人，就是那些目光远大，且有先见之明的梦想者。他们能运用智慧和知识，来为人类造福，把那些目光短浅、深受束缚和陷于迷信的人解救出来。有先见之明的梦想者，还能把常人看来做不到的事情，变为现实。有人说，想象力这东西，对于艺术家、音乐家和诗人大有用处，但在实际生活中，它的位置虽然并没有那样的显赫，但事实告诉我们：凡是人类各界的领袖都做过梦想者。不论工业界的巨头、商业界的领袖，都是具有伟大的梦想，并持以坚定的信心努力奋斗的人。

人只有具有了这些梦想，才可能有远大的希望，才会激发人们内在的智能，增强人们的努力，以求得光明的前途。如有位教师，他一踏上工作岗位，就梦想自己若是省级教坛新秀多好呀，梦想自己有一天成了全国特级教师，梦想自己的论文能得全国一等奖。怀向着这些梦想，经过不懈的努力，这位年轻的教师确实也获得了成功，在参加工作的第一年就有两篇论文分获市一、二等奖，年终还被评上了“区先进工作者”，这虽然离他的梦想还很远，不过在这样的梦想指引下，他最终肯定会成功的。由此可见，人类所具有的种种力量中，最神奇的莫过于有梦想的能力。不过，仅有梦想还是不够的，同时还必须有实现梦想的坚强毅力和决心。要把梦想变为事实，还得靠自己不懈的努力。

总之，作为教师，努力让自己多才多艺，你就更具吸引力。

魅力，教师最有效的影响力

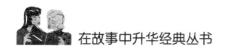

上课似乎越来越模式化了，教学的激情也减退了，天天都是那一套，一点儿个人特色都没有，学生不反感，自己都反感了……

不知从什么时候起，这样“混日子”的教师越来越多。而与此相反，另外一些教师则在自己的岗位上挥洒着自己的教育人生。

林老师是一名英语老师，她上课不用课件，也没有单词卡片等教具。可她就能把一节课上得一气呵成，让学生始终处于兴奋积极的状态，达到近乎完美的教学效果。其原因就是她的“个人魅力”，或者可以说是她的独特的教学风格。

她身上有一种“乐教”的积极精神，而且已经修炼到了游刃有余的境界。无论什么时候，她都很有激情，并且把她高昂的热情传递给了学生。她有与生俱来的幽默感，在课堂上自然发挥，适当运用，很能起到激发学生兴趣的作用。

在长期的教学实践中，她注重总结、反思和学习，在教学技巧、教学作风及教学观点各方面都逐步形成了自己的教学风格，真正成了一名有魅力受欢迎的老师。

一位有魅力的教师，能以渊博的知识培养人，以科学的方法引导人，以完善的人格唤醒人，以优雅的气质影响人。

一位有魅力的教师，能在生活、教学中追求美，创造美，更好地为教学服务，从而提高教学效率，提高学生成绩，培养学生高尚的审美情趣和创造美的能力。

一位有魅力的教师，能尊重学生，对学生有亲近感，走进学生心灵；他能学会洞察孩子的变化，懂得呵护孩子的自信，懂得用不同的尺子去衡量孩子，会发现孩子的亮点、长处和不足；能用宽容的心态去接纳孩子，去亲近孩子，以坦诚的胸怀去理解孩子。

由此可见，教师的魅力具有强大的感召力和凝聚力。有魅力的教师，最能赢得学生的心。

那么，教师该如何增加自己的魅力呢？

1. 教师的魅力来源于深厚的学识

教师是先进的知识和文化的传播者，作为一名优秀的教师，必须拥有深厚的学识魅力。他除了有精深的专业知识外，还必须要有广博的知识。一个拥有深厚学识魅力的老师，是指引孩子们前行的一盏明灯，能给学生以广博的文化浸染，让学生在广阔的精神空间里自由驰骋，能够巧妙地把知识像涓涓细流一样注入学生心田。

2. 教师的魅力来源于对事业的忠诚和无私的奉献

他们不是仅仅把教书看成谋生的手段，而是全身心投身其中，将教书育人视为崇高的职责，并从中享受着人生的乐趣。他们以自己的真诚去换取学生的真诚，以自己的正直去构筑学生的正直，以自己的纯洁去塑造学生的纯洁，以自己高尚的品德去培养学生高尚的品德。

我国著名教育家陶行知先生说过，教师是“捧着一颗心来，不带半根草去”，指的正是教师的奉献精神。人们也常用“春蚕到死丝方尽，蜡炬成灰泪始干”赞美教师的奉献精神。做一名有魅力的教师就应能舍弃一些东西，适当牺牲自我，作扶持后人的人梯。

但是，很多人以为教师应当以完全牺牲自我、甚至献出生命为立身准则，这是错误的概念。教师也是普通人，健康快乐地生活才是重要的。真正的“奉献”，不是鼓励教师带病上课，而且不顾及家庭和孩子，而是鼓励教师合理调控自我，使身体健康，充满活力，这样才能在事业上游刃有余。只有这样，教师才能真正为社会多做贡献。

3. 教师的魅力来源于教师高尚的师德，来源于教师的善良和慈爱

爱是师德最本质的内涵，是师德的灵魂。师爱蕴含着教师对教育事业和学生的一种博大而深沉的爱，它是教师高尚情感的结晶，是热爱教育事业的具体体现，是一种巨大的教育力量。只有善良慈爱的老师才会平等地善待每一个学生，而不会因为学习成绩的好坏与家庭背景的不同高看或歧视某些学生。在他们心里，教好每一个学生是老师的天职，因而他们胸怀博大，容得下性格脾气各不相同、兴趣爱好互有差异的学生。他们不仅是学生的良师，也是慈爱的长者，更是学生的知心朋友；他们不仅关注学生的学业成绩，也

关心学生的思想品德与行为习惯，更把学生的喜怒哀乐放在心间。

著名的瑞士教育家裴斯泰洛齐说过这样一段话：“我的儿童从清晨到深夜每分钟都得在我的额上注视，在我的唇边推擦。我的心和他们的心是粘合的，他们的幸福是我的幸福，他们的欢乐是我的欢乐……我从早到晚在他们中间……我的手牵着他们的手，我的眼睛注视着他们的眼睛。我随着他们流泪而流泪，我随着他们微笑而微笑……”

为师当如此。

4. 教师的魅力来源于迷人的外形

教师文明的言谈举止对学生良好品格的形成起着助推作用。教师的一言一行都是教师内在素养的外在体现，都会给学生以潜移默化的影响，而学生也正是通过这一点来了解教师的思想，“桃李不言，下自成蹊”。因此，教师应注重形象魅力的修炼，平时处处关注自己的言行举止，处处给学生做出表率，其一颦一笑、一举手一投足都会产生意想不到的教育作用。言教辅以身教，身教重于言教，学生受到影响，其不良的行为和习惯就能受到约束，得到改正。

5. 教师的魅力还来源于他的思想

一个人真正可贵的是他的思想，而使一个人真正有别于他人的也是思想。作为人师，有思想才有光彩，有思想才有魅力，有思想才有价值，思想魅力是教师有魅力的重要标志。因此，教师要在工作中自觉地去思考、去探究、去发现、去表达自己的创见，并适时地总结逐步磨砺自己的思想，从而成为一个有思想魅力的教师。

总之，教师只有虚心向他人学习，更加严格地要求自己，以年轻、健康、向上的心理素质、精神状态提升自己的魅力，才能最终赢得学生的心！

在课堂上树立师道尊严

1. 有效提问，情意共振

在课堂浓缩的几十分钟里，教师要将知识与技能等传授给学生，教师的教学行为、教学方式、教学过程起着至关重要的作用。而在师生互动的过程中，总领课堂的提问就显得尤为关键。它对教师教学的成败，学生学识的好坏起着不可替代的作用。因而充分把握好课堂提问的有效性是课堂教学的一个重要的支点。在实际教学中，有效的课堂提问能诱发学生思维的兴趣，使提问真正问到学生们的心“坎”上。在接受新知的过程中使学生始终感到“柳暗花明又一村”的情境，从而增强学生的学习兴趣。

《家是什么》一课就让我们看到了有效提问带来的课堂效应。

执教老师分层设计提问，力求“精简”。首先紧扣课题来设计问题，在初读课文的基础上，这样简单地问道：“课文哪个自然段告诉我们家是什么？”直接从课题引出课文的最后一段即中心部分，然后逐层展开，以问题“为什么家是充满亲情的地方？”引出第一个小故事的教学。

师：读第一个故事，边读边思考，为什么富翁说他没有家？

（这一问题的设计是想让学生得出结论：房子是家。设计精心，紧扣根本，让学生在心里对家有一个疑惑。）

师：没有房子的人会有家吗？读第二个小故事，思考为什么热拉尔找到女儿第一句话就是“我又有家了”？

（这一问题的设计是想让学生得出结论：女儿≠家，从而提醒学生与前面得出的结论相联系，并同时产生疑问，那么家到底是什么？整节课，教者站在一个高处，从整篇课文来谋划，设计出一组有计划、有步骤的系统化的提问，这样的提问不在于问题的多，重点是把一篇课文用一两个中心的问题来统帅，简练而到位。）

师：那么家到底是什么？

……

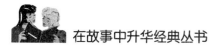

课堂提问不是随心所欲的，更不是“尤疑”而问的。教师通过问题设疑、学生解疑生疑，从而得出结论：家与亲情，再自然地引出最后的中心段。这样一来，让人觉得整堂课问题不多，却非常巧妙地把握住了文章的脉搏，并使其辐射到全篇文章的教学，提升了堂课的整体性。

2. 会抓生成资源，凸显学生个性

生成资源指不是教师预先设计好，而是在教学中产生的新的教学资源。教师生成符合学习实际的新教案，才能针导学生进入发现问题——探索问题——解决问题的情境中来。在课堂上生成的目标是着眼于其自身内在需求，这样的目标更具诱惑力。

在估算教学时，估算一碗黄豆有多少粒？学生参与积极，发言踊跃，说出了不同的估算方法。

生1：可以先用手抓一把，数一数一把有多少粒？再试一试一碗有几把，用“每把的粒数×把数一一碗黄豆的粒数”，计算出一碗黄豆的粒数。

生2：用手抓有多有少，还是用勺子比较好。

生3：我是用称的方法，称出一碗黄豆的重量和一粒黄豆的重量，再用“一碗黄豆的重量÷一粒黄豆的重量＝黄豆的粒数”，计算出一碗黄豆的粒数。

生4：我觉得称一粒黄豆的重量用一般的秤，误差很大，还是先称出10粒黄豆的重量为好，一碗黄豆的重量是10粒黄豆重量的几倍，粒数也是它的几倍。

生5：把一碗黄豆铺在桌子上，量出面积是多少？再量一平方分米的黄豆有几粒？总面积是一平方分米的几倍，粒数也是它的几倍。

生6：我是这样想的，先量一量一粒黄豆占多大的空间（指黄豆的体积），再量出一碗黄豆占多大的空间，然后求出黄豆的粒数？

（由于体积没学，学生只能用自己的语言“黄豆占多大的空间”来体现。）

……

师：同学们很聪明，想出了这么多五花八门的方法。在这么多的方法中，哪几种方法是可行的？哪几种方法是不可行的？在可行的方法中，哪些是比较方便、比较常用的？

生7：我觉得第一种方法最好，不借助于其他工具，最方便、最实用。

生8：我觉得第二种方法也比较好，因为勺子我们家里都有，使用比较方便，而且比手抓还要准确。

生9：对于“称的方法”，我认为想法很好，但实际操作中因要借天秤不是很方便，再说黄豆的重量很轻，误差很大。

学生选择其中一种方法实践操作。

……

动态的课堂，问题是富有挑战性的，答案是不确定的，过程是现场生成的，结果是不能完全预测的。在这个案例中。因为每个学生都是一个唯一的各不相同的生命体，所处的家庭环境、社会背景、文化基础不同，他们对问题的理解，有自己的思维方式和个性，于是，才有了如此多彩的回答，才能凸显学生的个性。

3. 发散思维，挖掘内涵

语文新课标指出：语文课程丰富的人文内涵对人们精神领域的影响是深广的，学生对语文材料的反应又往往是多元的。因此，在重视语文的熏陶感染作用、注意教学内容的价值取向的同时，也应尊重学生在学习过程中的独特体验。不同的学生对同一语言文字的理解会有不同，没有正确与否的绝对标准。从这个意义上来说，语文学科应该是开放的，问题答案完全可以是多种多样的。承认多种答案的正确性，鼓励学生积极参与，运用自己的知识、生活经验去主动体验语言文字的内涵，正是学生自主学习、培养能力的过程。

一位老师在讲苏教版第一册《家》的教学过程中让同学们读了“蓝天是白云的家，树林是小鸟的家，小河是鱼儿的家，泥土是种子的家。”之后就有同学举手提问了。

生：“老师，蓝天不光是白云的家。”

师：“哦？那你说蓝天还是谁的家？”

生接着说：“我觉得蓝天还是太阳的家。”

师：“你的想象真丰富，不错，可以这么说。”

这一下激发了其他同学的想象，他们也积极地举手发言。

生：“我说树林还是小兔的家。”

生：“我觉得树林也是小鹿的家。”

生：“树林还是老虎的家。”

生：“我说小河，小河也是小虾的家。”

生：“泥土也是麦苗的家。”

……

看着一张张因为动脑思考变得红扑扑的小脸，看着一双双闪着智慧火花的明亮的眼睛，我们由衷地钦佩这位老师的教学水平。是的，学生能够透过书本，紧密结合自己的直接经验，独立思考，对教科书自我解读，充分发表自己的个人感受和独特见解，这样一个过程是多么不简单哪！

4. 跳一跳，摘桃子

教师设置的问题难度要适中，既不能设置太容易，学生不用过多思考动脑就能回答出来，也不能设置太难，使学生百思不得其解。要让学生“跳起来就能摘到桃子”。这就是说学生经过思考、努力、交流合作基本上可以把问题解决。学生通过自己的努力，把问题解决，就更激发了他们探究、解决问题的积极性，特别是对那些基础比较差的学生，更应该提问一些比较简单的题目，增强他们学习的信心，这比学会知识更重要。学生在解决问题中意识到，只要努力，不仅能够解决疑难问题，而且会变得更加自信。在教学过程中教师提出的问题学生答不出，这是常有的事，对于这些难度过大的问题，教师应想方设法“化难为易”，以避免陷入“启而不发”的境地。

5. 讲究时机，适时质疑

在教学中，我们常常遇到这样的情况：在课文讲读行将结束之时，我们一般都会请学生谈谈收获或感想，但此时往往是学生的思维趋于停滞之时，这时候的回答不能算错，但也不能算优。回答仅止于现象，停留于表面。此时，如果老师能及时地深入挖掘，巧妙提问，往往能推波助澜，收到意想不到的效果。

在学完《最大的“书”》这一课后，老师先问：“课文中最大的‘书’指的是什么？”学生回答：“岩石。”老师又问：“读完了这本书，你想做些什么？”生均回答“长大我要做地质科学家”云云，一片大唱高调的状态，见此情景，老师紧追不放，抛出重磅一问：“有一本书比岩石还要大，它才是我们身边最大的‘书’，你们知道是什么吗？”学生们听完，先是睁大眼睛一愣，紧接着恍然大悟，一片如林的小手举了起来，他们齐声大喊：“大自然！”老师连忙乘胜追击：“那现在你想对这充满奇妙的大自然说些什么？”一生：“我想说，大自然你太伟大了！”另一生：“我想说，大自然你太神奇了，我一定要好好向你学习，把你埋藏的秘密全都揭开！”……下课铃响了，老师欣慰地笑了，因为老师知道他已经把一颗热爱自然的种子种在了学生的心里。

6. 精神敞开，彼此接纳

虽然静悄悄的课堂未必是好的，但是“热烈”的课堂对话也未必是有效的。一个关键问题是学生在课堂上谈些什么，怎样谈。如果学生仅仅停留在漫无目的地聊天，或者毫无秩序地交谈，没有真正解决遇到的问题，那么这种对话只能干扰学习而不能促进学习。在当前的课堂对话中，教育工作者特别强调学生应该享有平等、民主的权利，然而过分强调权利，却常常忽视了对话中的责任。师生即使承担起了相应的责任，还要达成学习目标，选择合适的教学任务和方式。为了保证更高效率的对话，教师还要建立一套教学常规。

总结起来对话方式主要有以下几种：

（1）教师讲授。目前很多学校还在广泛地使用，教师在黑板前讲授，学生听。这种方式一般缺乏与学生的交流与互动。

（2）问答式。教师让学生回答已有答案的问题。典型的顺序就是教师提问题，学生回答，然后教师评价。它作为一种课堂对话方式并不能促进学生严密的思维，积极主动地使用知识，而多用于检查学生记忆知识的情况。

（3）教师——学生协商。将问题主要集中在几个学生，能很好地满足参与对话的学生要求。教师能注意到个别学生，并对其给予较深入的关注，但不能充分地监控其他学生，课堂上还需要其他教师的协助。

教师引导下的小组讨论中，学生有更多的机会交流，参与程度较深。但无法监控小组外的其他学生。这就要求教师详细地制订计划，利用任务与活动来抵消这些缺陷：

（1）学生引导的小组讨论中，教师能使不同小组的学生参与到挑战性的任务中，并能互相成为对方的资源。此外在大组中发言感到胆怯的学生，在小组中可以得到锻炼的机会。但是，没有教师出现，可能无法保证小组讨论顺利进行。也有学生在群体中占有优势，得到更多的重视，导致“马太效应”。

（2）教师引导的全班讨论，涉及课堂中所有学生，教师可以注意到每个学生，并对即将讨论的主题发生影响。与前两种对话方式相比，学生会积极地参与到讨论之中，学习到更多的新知识。但与其他三种对话方式相比，完成任务难度较大，因此教师要考虑学生之间的差异，如地位、兴趣、态度和说话方式。

每种对话方式有优点，也有局限性，关键是教师如何利用这些对话方式在平时教学中帮助学生建立一套对话方式的常规。

在教学对话中教师要积极地行动起来，确保有目的的和有创建性的对话，因此教师也要为自己建立一套常规的行动，鼓励学生适宜的行为。教师要让学生注意到每个关键点。例如，教师要强调有价值的观点（“这一点很有价值”），还可以请同学用自己的话复述其他同学有价值的观点，并指出这一点为何很重要。如果有同学提出了一个能激发思考的问题，教师要及时鼓励（“好问题，你怎么想出来的?”）。教师要引用事实和例子，激励学生去细化和澄清别人的论点。教师要向学生示范他们希望表现出来的行为和思维习惯。

一位教师在教学《三峡》时，设计的“对话式阅读”这一教学过程，就较好地体现了对话式阅读的内涵与特征。

（1）创设对话的良好氛围。

①可运用多媒体课件展示三峡雪白的急流、碧绿的潭水、飞奔的船只和奇异的猿啸等风景，引领学生亲历课文意境；

②还可以利用课文配乐朗读，引导学生初步感知课文意韵之美。

（2）创设对话的主导问题。

譬如：回溯三峡的过去，细看三峡的现在，展望三峡的未来，你想到了什么？

（3）设置刺激参与对话的话题。

①教师与学生的对话。如：《三峡》先写山后写水，是如何写山的？又是如何写水的？为什么要这样写？

②学生与教师的对话。如：《三峡》语言凝练，虽然只有几百字，却能绘尽四季景色，罗列山水猿啸，为什么能达到这种效果？

③学生与学生的对话。如：《三峡》第二自然段“或王命急宣”似乎不属于自然描写，这是否与本文写景的宗旨背离？你有什么看法？

④师生与作品的对话。如：郦道元写三峡风光，大部分笔墨放在写水，水是课文的重点，那么为什么要先写山后写水？能否调整一下顺序，或者只

写水？

（4）培养学生在对话中的创造性。

譬如：通过讨论“我们今天应当怎样开发和利用三峡？”这一问题，在充分尊重学生的阅读体验的基础上，调动学生的生活积累，挖掘学生的创造潜能，培养学生的创新意识。

7. 直面文本，切入语境

要实现真正意义上的高效对话，教师就必须引导点拨得法。唯有这样，师生间的沟通才是有意义、高效绩的，而不是教师打着“尊重学生的独特体验”的幌子，对学生学习中出现的明显错误概不追究，听之任之，或实行“师道尊严”一统天下，将“平等互动”的旗帜束之高阁。在课堂教学过程中，当学生对探讨的问题感到迷惑不解或是产生片面错误的认识时，教师要运用灵活的教学手段，促使学生自己去排除阻碍、解决疑难、开启思维、发展能力。

然而，时下的各种“对话”在课堂上却多出现浅尝辄止、随意曲解或偏离教材的情况。我想，要真正落实“三维对话”，关键是要保证学生有充分的自主性阅读、个性化建构的时间（即“生本对话”）。一旦学生能由此而从文本中积聚“谈资”，那师生间的“言语交往”也就有了生成发展的“基点”。

特级教师孙老师在执教《最大的麦穗》一课时，引导学生与文本进行时间充裕而又层次分明的“二次攻读”，让整个课堂繁花似锦、美不胜收。首先，引导学生与文本进行第“一次”攻读。师：经过几遍练习，你们已经能够把课文读得非常好。下面请你们开始默读课文，想想自己从中明白了些什么？可以在书旁写下你的感受。

（学生默读课文并作批注。五分钟后，师生对话。）

师：请你们自由交流各自的读书体会，好吗？

生：我体会出一个道理，时间一去不回头，我们要好好地把握每一次机会。

师：体会得很准确。

生：苏格拉底要求其弟子去摘一个最大的麦穗，“只许进，不许退”。表面上是提出一种要求，实际上是告诉弟子们：时间不能倒流，生命不能重复！“花有重开日，人无再少年。”人生的路上，我们要把握住每一次机会！

师：你理解得很透彻，表达流畅且自信满怀。孙老师非常欣赏你，咱们握握手！

生：课文启示我们，机不可失，时不再来，把握住现在，就掌握了未来。

师：好个“把握住现在，就掌握了未来”，你朴实的话语中有深刻的道理。

生：人的一生仿佛是在麦地中行走，寻找那一株最大的麦穗，追求一个最高理想，如果好高骛远，不能脚踏实地，到头来只会落得两手空空。

师：你的感受很深刻，语言很流畅！

生：我认为，人的追求应该是最大的，但抓住面前的每一次机会却是最重要的。因为，通向理想的道路是眼前的每一次机会铺成的。

师：理想是需要的，现实是客观的，理想和现实的完美结合才是重要的。

……

孙老师独树一帜的“批注”式导读虽然使课堂上寂寞一时，但却“此时无声胜有声”，学生都能自由自在地“以我笔写我心”。其实，“批注”虽使课本变得不再那么“整洁干净”，但它与“不动笔墨不读书”的古训却是如出一辙。学生岂止是在批注文章，更是在批注个性、批注思想，都在用思维触摸“白纸黑字”，都在用心灵谛听文字背后的声音。

当前语文课对学生的“写”虽有所重视，但多为教学高潮过后的“小浪花”而已。孙老师的课堂却把“写”（批注）作为一种阅读“武器”而大胆“先行”，学生在“写”中高效地利用着自己的“读书时间”，其思维在与文本的直接对话中被完全激活，因此交流时妙语连珠。而“妙语连珠”过后，孙老师引导学生与文本进行的“二次”攻读则更是异军突起。

师：“横看成岭侧成峰，远近高低各不同。”从不同角度欣赏课文，譬如“大学者苏格拉底教育学生有什么独到之处，他的弟子如此学习对你有什么启发?”带着这些问题再次与课文对话，你们肯定会有许多“美丽”的收获。

（学生再次潜心读书，四分钟后，师生对话。）

生：一般的上课是在教室里，而苏格拉底上课是在麦地里，一般的上课用课本，而苏格拉底却是用麦穗。

师：你善于比较，很快找到了苏格拉底教学的独到之处，很不简单！

生：他的“发现”对我启发很大——不仅麦地可以当教室，社会也可以当教室，不仅麦穗可以当课本，整个大自然都可以当课本。

师：说得好！你思路非常开阔！其实，宇宙就是一个神秘大课堂，生活就是一部无字天书。那里有广阔的天地，那里有丰富的知识。

生：苏格拉底教育弟子们不是直接告诉他们一个道理，而是让他们亲自实践、体会，最后悟出人生的道理，自己悟出来的往往是刻骨铭心的。

师：你的回答很精彩！我赞同你的看法。有时靠着别人告诉的道理，就好像戴在自身的假发、假牙一样，看上去很逼真，但却没有生命力，而靠自己体验悟出的道理就像扎根沃土的大树一样，生机勃勃。

生：弟子们辛辛苦苦、挑挑拣拣，结果却两手空空。这样的结局太令人失望。

生：我不这么看，表面上他的弟子们是两手空空，实际上却收获多多。

师："有失必有得"，表面上他们没有得到麦穗，实际上他们却收获了深刻的人生道理。

生：从课文中也能看出苏格拉底的弟子们有些太听话了，不敢怀疑老师，盲目行动，最后落得两手空空。

师：这个问题，我课前也没有想到。你不迷信书本，不迷信权威，有自己的见解，的确了不起！

……

第一轮的"默读批注"虽显现了学生的"个性"和"自主"，但如果只是"到此一游"后"背起行囊回家"，教学就会如同蜻蜓点水般浅尝辄止。为避免这种情况，孙老师以"大学者苏格拉底教育学生有什么独到之处，他的弟子如此学习对你有什么启发？"这一问题切入，为学生展开"回马枪"式的二度"攻势"吹响了号角，真是妙"问"生花啊！

应当说，作为"新生事物"的对话式课堂，极易出现"平面推移"多而"纵深开掘"少的情况。孙老师深知这一点，他始终不忘自己"平等中的首席"的职责，在学生解读时出现视线不远、眼界不宽等情况时，看准时机巧拨妙点，为学生的纵深探究作了"定位"和"导航"，引导其再进行了一番"多角度、有创意"的快意纵横，也让课堂"风云再起"！

综观全课，在精读研磨阶段，孙老师让学生以默读精思、圈点批注等虽不"中看"却颇"中用"的手法直面文本、切入语境。而在回读鉴赏阶段，则更有见机行事的敏锐"课感"，以精巧的点拨引领其在"二次攻势"后又占据"新高地"。踏上"新大陆"。这样一来，学生的感悟就更加立体、多元和广角。整堂课，学生既凭自己的“静思默想”和文本“相近”，又借教师的“精准导航”与文本“相亲”，课堂也就真正出现了“追寻魔力的对话”

8. 舒展灵性，口表我意

课堂是学生舒展灵性的空间。课程实施中的自由是指学生自主而非强制地学习的一种状态。它可以分为内在自由与人身自由。人身自由，指在课程运行过程中教师允许学生随意走动，相互交谈，学生可以选择想做的事，能够按照他们的意愿参与课程实践。内在自由指学生智力上、情感上和心灵上的自由。创设安全自由的心理环境就必须既有人身自由，更要有内在自由。内在自由是精神的自由，精神的自由就是心理的自由，就是思维与想象的自由。教学中只给学生时间和空间的自由仅仅是形式的自由，是绝对不够的，还必须真正能保证学生舒展灵性，畅所欲言，我口说我心，我口表我意。

下面是一位语文老师教学《天鹅的故事》一文的片段。

师：(出示课文最后一段话，学生先默读，在文中标出自己想问的问题)读到这里，你有什么问题想问斯杰潘老人?

生：你离天鹅这么近，为什么没有开枪，却把枪挂在肩头走了?

生：你为什么悄悄地离开了?

生：斯杰潘老人为什么把枪一直挂在墙上，再也没有动过?

生：老人说到这里为什么停住了?

师：你往下再读一句话，这个问题可以提得更深刻些。

生：老人为什么深情地说?。

师：这个问题就有价值了!

生：课文中老人赞叹天鹅是勇敢的鸟儿，为什么却说是“多么可爱的鸟儿”?

师：同学们提出的问题都很有价值。哪个问题最重要，是核心问题?

生：斯杰潘老人为什么把枪挂在肩头，而且一直挂在墙上?

师：好!我们就来思考这个问题。请你再仔细读一读课文，深入地想一想。然后写下来，看谁思考得深刻。

(学生潜心思考、书写答案，然后进行交流)

生：老人从天鹅破冰中看到了它们的勇敢，有着团结合作的精神，心里很受感动。心想：我们人类也不一定会有这样的精神。所以，他放弃了打猎。

师：勇敢、团结的精神感动了他。概括得好！

生：斯杰潘老人看到小动物生存这么不容易，人类还要伤害它们，觉得太残忍了。要知道，动物是人类的朋友啊！我们应该保护它们才对啊！

师：保护野生动物！你将来做环保局局长挺称职！（生笑）

生：他体会到生命是很重要的。不仅是天鹅珍惜生命，许许多多的动物，包括人，都那样珍惜生命。它们为了生存，可以做任何危险的事情。

师：所有的动物都会本能地珍爱着自己的生命，你说得太深刻了，像个哲学家！

生：老人看到了天鹅破冰的动人一幕，有感而发：天鹅为了求生，奋力破冰。不仅仅是天鹅，所有的动物都是一样的，遇到困境都会不顾自己的安危去帮同伴寻找求生之路。

师：动物为了求生，在关键时刻会爆发出令我们人类惊叹的力量。写得多好！

生：老人知道了动物也有爱心的，也会团结互助的。如果我们不再伤害动物，不再乱砍树木，不再破坏大自然，那该多么美好啊！所以，他把猎枪挂在墙上，每次看到时就给自己一个警告。

师：三个“不再”排列得多整齐！给人以警醒！

师：老师读完课文，是怎么思考的呢？这里有四个答案，你们猜猜看，哪一个是薛老师写的？(1) 斯杰潘老人认为天鹅是一群可爱的鸟儿，不能打，人类应该自觉保护野生动物，保护环境。(2) 老天鹅不惜用自己的身体为天鹅群打开生存之门的壮举，深深地感动了斯杰潘老人，使他不忍心伤害它们。(3) 斯杰潘老人看到了天鹅在生死关头表现出的无比英勇和团结，具有人类一样的精神和品格，内心受到很大的震撼。(4) 斯杰潘老人从天鹅在危难时表现出来的壮举中，感受到了天鹅那样的鸟儿也闪现出生命的光辉，闪现出生命的美，为自己曾经伤害过它们而感到惭愧、自责，从此放弃了猎枪。

从教师的角度看，教师该如何与学生进行沟通，这是新课程实施过程中的重要问题。蒋老师的这个教学片段为我们提供了一个很好的范例，教师能否从学生的立场看问题并理解其看法，在对话中达成共识和行动方案，这是教师学会并运用好沟通的关键所在。在新课程中，师生之间要通过心灵的对接、意见的交换、思想的碰撞、合作的探讨，实现知识的共同拥有和个性的全面发展。在新课堂中教师不再是唯一的主角，学生不再是被动的接受者，学生有其自主性和独立性，教师应以一个参与者、促进者的身份参与到学生的学习活动中去，引导学生质疑、调查、探究。

9. 直抒心灵，敢说真话

要保证学生直抒心灵，敢说真话，必须发扬民主。教师要在课堂上着力营造民主、平等、和谐的教学氛围，用自己的爱心和热情去感染学生、激励学生，使学生在课堂上能无拘无束地表达自己的思想、表露自己的情绪、表现自己的才干。甚至教师必须放低姿态，做出表率，敢于承认自己的不足。在上课的时候，如有学生突然提问，这个问题是你所不知道的，这时候你怎么办？一位老师这么说："这个问题我们课内暂不讨论，下课后我们单独对这个问题探讨一番。"下课后，教师去查阅资料，然后回答学生。一位老师说："这个问题我先不回答，先请其他同学来说说看。"回答对象一换，于是从学生众说纷纭中，教师整理出一个得体的回答。

真的很美吗？——《荷花村》（上海S版语文教材第二册）

1. 教学揭题。

2. 教学情景。（实物投影仪出示荷花图。）（由于光线的原因，图片看上去没有一点美感）

师：大家看，这荷花怎么样？

生齐答：很美。

师：有个地方叫荷花村，大家想去看看吗？（实物投影仪出示第二幅图）（比第一幅更糟，只能看到一块块的淡红和淡绿，像一幅不太美的地图）

师：这就是荷花村。

生惊呼：哇，真美呀！

师：小朋友们想去吗？

生：想去。

面对两幅并没有美感的画，孩子们居然都回答：很美，太美了，而且表情十分夸张，投入。我们不能不反思：是我们的孩子感情丰富吗？是我们的孩子懂得欣赏，真的感受到了荷花美吗？不，这是因为孩子们在老师们的长期熏陶下，学会了揣摩教师的心理，学会了如何迎合教师，他们知道此时教师希望听到同学们说荷花和荷花村是美的。这就是教师在维护自己神圣和绝对正确的形象下酿成的恶果。

沟通是人际交往的基本形式，叶澜教授认为："教育源于人类的交往活动。""教学——这是交往的特殊变体。"因此，教学中的沟通是一种特殊的社会现象，在某种意义上，教学的本质就是一系列的沟通。新课程就是以师生之间、生生之间的沟通为基础，没有沟通就没有课堂中的主体，没有沟通就没有教学，没有沟通就没有学生的发展。

学校教育的目的就在于促进学生的学习和发展。尊重学生的主体性是学校教育的出发点和归宿。教师必须以"平等中的首席"的姿态，从注重教到注重学，改变学生被动学习的局面，唤醒学生的自我意识，培育自我精神，挖掘自我发现的潜能，提高他们自我建构的能力。

10. 道德至上，自尊自信

如果你的同桌考 60 分，你考 70 分，你对他是什么态度？这绝对就是道德问题。你因为觉得我的知识比他多，你感到有一种责任要帮助他。反过来，我考了 60 分，你考了 80 分，我觉得你比我棒，我应该向你学习，我赞赏你。这就是最核心的道德问题。

有一个母亲拿着一根木棍子在抽孩子的屁股。怎么回事？看了孩子的考卷，考了 97.5 分。教师在考卷上面写了三个字：掉队了！因为这次绝大多数同学都考得高于 97.5 分，所以这孩子就"吃"木头棍了。如果绝大多数同学考得比 97.5 分低，那么这个孩子不是吃木棍子，而是吃麦当劳了。

这样的教学使我们的孩子从小就形成这样的观念，你优我低，同桌成功了，我是失败了。同学的失败就意味着我的成功。我们经常这样教学生：你看看，人家考了多少分！一定要把同学与同学形成对立面。笔者认为这就是最核心的道德问题，也是影响师生沟通的最根本的原因。大家正在学习《丑小鸭》这篇课文。当教师要求学生仿照《幼儿成长手册》为"丑小鸭"设计一份"成长记录表"时，同学们为"丑小鸭"的母亲究竟是谁产生了争议。这时，有一位同学站起来说：

"我认为这只丑小鸭和某某同学一样，既有生母，又有养母。鸭妈妈是丑小鸭的养母，白天鹅才是它的生母。"

当其他同学都表示赞同时，某某同学却低头不语，他正在为自己失去亲生母亲而伤心。此时，教师走到了他的身边，并抚摸着他的头向全班同学说：

"大家都很关心某某同学，你们觉得他现在的处境同丑小鸭一样吗？"

同学们纷纷表示自己的意见：

“不一样！丑小鸭因为谁也不喜欢它，才离家出走，而且出走后遭遇到很多不幸。某某同学有着温暖的家，爸爸、妈妈都待他很好，哥哥也很关心他。”

“同学们也都喜欢他，大家都同他友好相处在一起。”

教师顺势收尾：“那我们就希望某某同学努力学习，长大了成为人见人爱的——”

学生齐声接道：“白天鹅！”

此时，某某同学破涕为笑，课堂学习气氛更加和谐融洽。

在上述案例中，学生对“丑小鸭母亲是谁”的理解在认知上是正确的，却在无意中伤害了其他同学。在这种情况下，教师既不能无端地指责发言者，这样会在纠正“伤害”的同时，造成新的伤害，也不能对这种伤害听之任之，否则，将有可能导致受害者出现心理问题。对此，这位教师顺水推舟，沿着学生的认知思路，从人文关爱角度去牵引、梳理的策略，值得赞赏。

只有人格才能影响人格

俄国教育家乌申斯基曾说：“在教育中，一切都应以教育者的人格为基础，因为只有人格才能影响人格，只有人格才能形成性格。”教师的人格对学生有最具体、最直接、最深刻的影响。

据《中国教育报》报道，我国中小学班主任近 500 万。如果请你说出你所知道的著名班主任的名字和他们的思想，你能说出几个呢？10 个？50 个？即使你能说出 100 个，但也仅仅是班主任大军中的五万分之一。魏书生、李镇西、窦桂梅、任小艾、张万祥……寻觅他们的成功之路，走进他们的教育故事，你会发现虽然他们的思想与理念精彩纷呈、他们带班方式各具千秋，但他们身上所散发的个人魅力却是那样的相似：

激情——教育者的一种状态，它能让你始终保持初出茅庐时的工作状态；

爱心——教育者的一种品质，它能让你包容一切的孩子和孩子的一切；

创新——教育者的一种能力，它能让你的每一天都不是昨天的简单重复；

时尚——教育者的一种魅力，它能让你紧跟时代的脉搏而显得永远年轻；

沟通——教育者的一种武器，它能让你拉近与他人心灵的距离；

敏感——教育者的一种机智，它能让你捕捉住每一个教育契机；

反思——教育者的一种习惯，它能让你不断挖掘自己成长的潜力……

许多年轻班主任总是希望能一下把那些优秀班主任的经验学到手，能为我所用。孰不知，单纯的模仿只能是形似而不能神似，只能学其表而不能及其里，只有植根于教师高尚人格这块沃土上，那些优秀的经验与思想才能绽开绚烂之花。因此，教师要提升威信必须先从完善自身的人格做起。

如果你习惯了睡懒觉，就不要责怪孩子总是迟到；

如果你没有认真备课，就不要责怪孩子在你课堂上的无精打采；

如果你不善于表达自己的爱心与情感，就不要责怪孩子的冷酷与无情；

如果你总是戴着有色眼镜看学生，就不要怨孩子与你越来越远；

如果你总是对生活充满怨气，就不要指望孩子身上能焕发出生命的活力……

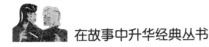

人格魅力是一个人在成长过程中对来自家庭、社会、人生、学识等方面的积极、健康因素的凝聚和综合。人格魅力一旦形成，就能成为取之不尽、用之不竭的教育资源。如花朵绽放，清香四溢；如清泉流淌，清新扑面；哪怕一个眼神、一个暗示，都会形成人格魅力的磁场，让学生感受到截然不同的教育氛围：一种让人轻松的教育氛围，一种让人解除戒备和不满的氛围，一种让人为自己的偏执和鲁莽感到惭愧的氛围，一种让人敞开心扉、乐于沟通的氛围。这种氛围正是教师和班主任工作成功的基础。

我们先来看一篇初中学生写的文章：

我的初中班主任

初中三年是我人生中的转折点，在这三年中，我学到了许多东西，同样也为我以后考上省重点中学打下了坚实的基础。我很感谢每一位教我的老师，当然最应该感谢的是我的班主任——王靖。

也许是第一届带班没有经验，她经常组织班委开会，了解班里的情况，而且每一天都会在一天的课程结束之后，对当天我们的学习与工作作总结。她家离学校很远，差不多一个小时路程，但无论是刮风下雨还是我们补课到多晚，她都会等我们，就算没有发生什么事情她也会留下来和我们聊聊，时不时地鼓励我们。

为了与家长有很好的沟通，她自有一套方法。我们每个人都有一本“家庭联系本”，每天她都会写下每一个人的表现，当然有好也有坏，而且要求家长签字。这个方法也许很麻烦，可是这样做让家长及时掌握了孩子的情况并与老师有了联络。

在课上她是老师，在课下她就是大姐姐，完全没有老师的架子，很随和，和我们一起玩。最让大家喜欢的是，有事和她说，她绝对会像朋友一样帮你保守秘密，而且热心地帮你解决困难。

说她是大姐姐一点没错，因为她在我们面前会生气也会哭。有一次，她留我们全班下来背书，留了很久大家很不耐烦。她很着急，可是似乎时间久了，大家了解了她的脾气，况且私下里和她相处得非常融洽，于是大家就不太认真去背书，拖了很久还是没有人去背给她听。

那次她真的很生气，她很用劲地把门带上就出去了。她的举动把我们都吓坏了，平时看来很温柔的她，生起气来也很吓人，没有人敢再说什么。最后，我去办公室把她请了出来，全班给她鞠躬道歉。当时她哭笑不得，不过经过这么一吓，很快大家都背完了书。因为是班长，所以我与她接触的时间比其他同学要多得多，我们私下里是很好的朋友，她有什么都会告诉我，我们之间无话不说，经常打电话聊天。有次她打电话给我聊了快两个小时，那一次她哭了，我感觉到她的无助，很心疼她。那段时间班级里不是很平静，一件事接着一件事，把她压得很累很累，她不知道该怎么处理才好。她没有把我当成一个小朋友或者说是学生，我和她共同研究了很久，对班上的情况一一作了分析，最后想了不少的方法去处理一些琐事。在她的带领下，我们班从一个普通班变成了一个优秀的班级，无论在学习上还是在其他方面，我们都比其他的班要出色很多，她自己在不断地摸索，从中得到了收获，但我们每一个人都知道她为我们付出了太多太多。

……

我们不妨再看另外一篇文章：

长大后我就成了你

纪念因癌症去世的初中班主任——吴冠华老师。

可能是班上最早知道这一噩耗的人吧，在将消息登上校友录的时候，说真的心里也没有太去想什么。但有些藏在内心深处的东西是永远也抹不掉的，一旦打开仍是万般滋味涌上心头。

不知道其他的校友是否也能常想起，那句吴老师的家乡话口头禅：无所谓。为此，当时班上的语文课代表还专门写了一篇文章刊登在《中学生报》上。遇到难题了“无所谓”，遇到困难了“无所谓”，甚至我们犯了错误也“无所谓”，这并不表明她纵容我们，而是一种胸怀境界的体现。对待十四五岁的孩子，重要的不是当时管教住他们，而是让他们明白道理，使他们每个人都一直走好各自的人生路。

吴老师一直是很慈祥，更多地像慈母。对待我们就像对待她长不大的孩子，无论你犯什么错误，她都是耐心地跟你讲道理。虽然当时觉得她很啰嗦、很烦，直到我现在也当了班主任，也不厌其烦地给我的学生讲道理的时候，我才体会到她的良苦用心。但有一次在她的物理课上，我偷偷地在下面看体育报纸，吴老师发现后当场就把报纸没收了，并用我从没有见过的严厉的眼神狠狠地看了我几眼，整个过程没有一句话，事后她也没找我。但从此在她的课上我再也没有走过神，那个眼神我现在还记忆犹新。

有一天，不知道是因为什么事情，又让吴老师生气了，好像是上课老有人讲话吧，具体我也记不清了。吴老师照例又跟我们讲道理，但这次讲着讲着，她竟然哭了起来，我们顿时都惊呆了，这么多年来我都没看过有老师在课上哭的。这一哭也是我们成长的催化剂，结果是上课讲话最凶的几个学生当然也包括我，一个个被班上同学打招呼，要求上课时不要再说一句废话。

在刚工作的时候，我还对吴老师有点看法，认为当时我们都不怕她，她从不对我们发火，于是就管不住我们了。因此，我一直也以自己严格管理班级而沾沾自喜，但从老师去世后我想了很多，也明白了教师的意义。想做一个严厉的老师很简单，可以说人人都能做到，但要做一个能打动学生内心、走进学生心灵、改变学生人格的老师却很难。当你的学生一次又一次犯错误，甚至是犯同样的错误时，你还能很耐心地循循善诱，还能一如既往地教诲，没有丝毫的怨恨，这才是做老师更高的境界。

看看现在的学生，再想想自己，真的有很多话想对他们说。我们都是从那飞扬的青春年代过来的，谁没有心仪的女孩？谁不想天天抱着足球不玩到天黑不回家的啊？小时候总认为老师约束得太多，总想显示自己的特异独行，事后想想真的是太过幼稚。所以还是那句话，珍惜现在所拥有的。请少一些抱怨，多一些行动；少一些浮躁，多一点成熟。青春是美好的，也是短暂的，何不让它绽放出最绚丽的光彩呢？

我想，更好地做好现在的工作是我们对吴老师最大的追忆和敬意，吴老师会在天堂看着我们成长的！

这两篇文章告诉我们，教师的人格魅力具有强大的感召力、凝聚力和向心力。作为教师，我们必须在实践中积累自己的人格魅力，在学习中升华自己的人格魅力，才能让自己富有威信。

尊重，树立威信的起点

有位著名教师说过：“有威信的教师都是能够尊重学生的人。尊重，是树立威信的起点。”这话不假。

尊重是人的高层次的心理需要。这不仅是成年人的心理需要，也是孩子的心理需要，而成年人往往忽略了孩子的这一不亚于穿衣吃饭甚至比穿衣吃饭还重要的需要。从小被人尊重的人，有很强的自尊心、自信心，容易形成完善的人格，或者说孩子会自己努力用完善的人格来维护自己做人的尊严。被人尊重的孩子也会去尊重别人，如果我们所有的孩子都是这样，那么我们整个民族的自尊感就会提高。

你要把孩子当作一个独立的人，你就会尊重孩子。可我们往往只重视孩子的学习成绩怎么样，一味希望孩子能听我们成年人的话，常常忽视孩子的需要，不考虑孩子在想什么，不体谅孩子的处境，不顾及孩子的自尊心，不了解孩子的苦恼和心理上的障碍，只凭着我们想象的情况去教育孩子。一旦孩子的行为出乎我们的意料，或者没有按我们的要求去做，我们就可能对孩子不满意，甚至批评或采用其他方法来惩罚。这样，很难达到师生关系的融洽，也很难进行师生情感的交流和师生心灵的沟通，对培养孩子健康的心理素质极为不利，对孩子健全人格的形成危害极大，同时，也有损于教师威信。教师尊重学生，不是一个方法问题，是教育思想、教育观念问题，我们必须高度重视。

我们尊重孩子，会使孩子们的自尊心得到了保护，自信心也得到了鼓励，这样做，能够保护孩子的创造性，调动孩子学习的积极性和主动性，使孩子们懂得了自爱，懂得了做人的尊严。有一个老师上了我们班的课，说：“你们班的孩子往那一坐，个个人儿似的：看不出谁是后进生，好像都是好学生。”这就是每个孩子被尊重的结果，这就是我要达到的教育目标。

不尊重孩子，就谈不上教育，只有尊重孩子，才能教育孩子，包括淘气的孩子。这是做好教育工作的非常重要的问题，也是树立教师威信的关键。

那么，怎样做才叫尊重学生？

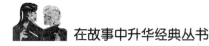

老师要做到尊重学生的人格，尊重学生的情感，尊重学生的爱好，尊重学生的权利，尊重学生的需求，尊重学生的意见，尊重学生的创造，甚至也要尊重学生的幼稚和失误。

有严重行为问题的孩子更需要尊重！因为他们也是人，是独立的人，他们也有一个丰富的内心世界，他们也有被关注、被认可、被爱的强烈愿望。这些孩子的不良行为的产生原因是多方面的。有家庭教育不当，有社会的负面影响，也有学校教育的失误。我认为责任不在孩子。请看下面这个案例：

1999年11月1日，我接了六年级一班的语文课。这个班有一个同学小郭，众所周知，他非常淘气，不爱学习，爱随便打人骂人，不服从老师教育，甚至骂老师，学校给了他处分。接班前，对他的情况我有所耳闻，根据我的了解，他之所以有今天，主要是他的家庭教育存在严重问题：爸爸打，妈妈娇惯。当然在学校也有同学对他的歧视。我接班的第一课，首先在黑板上写了“尊重”这两个大字，讲了人和人之间要互相尊重的道理。我讲了尊重是相互的，师生之间、同学之间都要互相尊重，我特别强调了老师对学生的尊重和大家对缺点比较多的同学的尊重，要对他们多一些理解和同情，要相信每一位同学的内心深处都会有一块真善美的领地，大家要用自己的真诚呼唤出这些同学心中的真善美，给他们树立进步的信心。同学们听得非常专注。我的这番话为小郭同学的进步奠定了一个人际关系和行为改变的环境基础。即，想要改变小郭的行为，首先要改变同学们对待他的态度，为他的行为改变创设一个有利的条件。

当天晚上，我给小郭的爸爸打了电话：“我是小郭的新语文老师，我有信心使小郭在原有的基础上进步，目前希望您配合的就有一点，就是从今天起，您不要再打小郭了，可以吗？”“可以。”“谢谢您的配合。”实际上，只要老师不向家长告状，家长就不会打孩子，所以，我和班主任老师说好，不轻易给他告状，班主任也答应了：实际上，要想改变学生的行为，首先要改变教师和家长的行为。因为我是在期中考试之前接的班，所以一开始就是上复习课，我讲了“的、地、得”三个字的用法之后，让学生做填空练习，我问：“‘的’的后面应该填什么词？”我叫起了小郭，他还没有说话，教室里就出现了一阵哄笑声，意思是他不可能答出这个问题。我制止了同学们，就在这时，小郭答道：“‘的’的后面填名词。”教室里一下子特别安静了，我说：

“同学们，刚才大家的笑是对小郭的不信任。我请大家记住，要尊重每一个人。”我接着问：“‘地’的后面应该填什么词?”这回小郭把手举得高高的，我在很多同学都举手的情况下又一次叫起了。小郭他非常自信地答道：“‘地’的后面应该填动词!”我像将军打了胜仗一样高兴，异常兴奋地对大家说：“难道不该给小郭一点掌声吗!”教室里响起了热烈的掌声。听到大家的掌声，又高又胖的小郭的脸上露出了笑容。这就是小郭进步的起点，我又告诉同学们：“根据小郭的基础，只要他和大家做的一样，那就是进步，我就要表扬他，也希望大家睁大眼睛关注着他的进步。”大家觉得我说得有道理，为他的进步创造了一个友好的氛围。从此，他上语文课能够遵守纪律，也能听讲了。

讲《松坊溪的冬天》这课书时，我找同学念第19节，小郭又举手了，我说：小郭能积极参与学习，我们特别欢迎，他就是念错了，我也不批评他。”我是在给他解除怕别人讥笑的精神负担，也是在提醒同学们要鼓励他的点滴进步。他站起来，大声地读着课文，只在一个地方打了一个磕巴，没有念错一处！他的声音一停，同学们马上给他鼓掌，使他感受到了成功的喜悦。这件事他写进了自己的作文中，其中有一句是这样写的：“我刚念完课文，孙老师就笑了，教室里响起了热烈的掌声，同学们是在为我的进步鼓掌，也是为孙老师的教育方法鼓掌。”

我接班不久，从同学们的日记中了解到，不少同学都爱欺负一个在五年级时转来的同学，我决定解决这一问题。恰好，一天，社会课老师没来，我就在班上讲了用自我批评的方法来解决同学之间发生的矛盾。据我了解，这个班原来没有这个习惯，于是我在黑板上写了“自我批评”四个大字，讲了我过去的班级的同学是如何运用这个方法达到团结的。之后我说：“我们班的小张已经转到我们班好几个月了，我们应该让他感到六一班是个温暖的集体，遗憾的是，我们班部分同学对他不够友好，今天，我希望曾经这样做的同学能够做一下自我批评，给小张同学道个歉，使我们班真正成为一个团结友爱的集体。”我讲完之后，教室里静了一会儿，一个同学举手做了自我批评，没想到第二个举手的就是小郭，他说：“对不起，过去我也欺负过你，以后我一定不这样做了，我向你赔礼道歉。”我马上说：“你们两个给大家带了一个很好的头!”

一个课间，同学忽然告诉我：“孙老师，有同学打架了。”我马上走出办公室，看到一群同学中，小郭正使劲抱着一个同学，我心里一紧，又是他打架了？走到跟前，才发现小郭是劝架的，他为了不让那个同学继续打，就抱住他，为了不让同学继续吵，就用手捂住那个同学的嘴。其他同学也劝住了另一个同学。同学们看我来了，大家就僵持在那里了。这时，小郭和其他的同学就提醒打架的两个同学：“各自做自我批评。”于是，打架的同学做了自我批评，一场纠纷就解决了。为了强化小郭的这一优良行为，我不光个别表扬了他，班主任上课时，我特意进教室当着全班同学又表扬了几个劝架的同学，还特意让他们站起来让大家看看，大家看到有小郭，都为他的进步高兴。

后来，我从同学们的日记中，了解到他能主动借给同学东西，把别人掉在地上的东西捡起来放回原处……我了解到什么，就表扬他什么，用这种正面强化的原则促使他一步步矫正自己的行为。

我接班后，小郭的进步还是很明显的，但是，他的进步总是不很稳定。有一天，我忽然听到一个同学嚷道：“小郭在计算机课上又犯混了！”我找来小郭：“怎么回事？”“今天我不去承认错误。”他不回答我的问题，一上来就嘟囔出这么一句话。“为什么？”“小张骂我。”“那是他的错，你呢？”“学校换了新电脑，我不会，就去同学的电脑上打，老师把我的电脑关了，小张就跟老师说：‘别理这个混蛋！’要是过去，我早打他了。”“这就是你的进步。你去动别人的电脑是错误的。你说是不是？”“是。”“那么，错了就要承认错误。对不对？”“对，我向张老师承认错误。”停了一会儿，我又说：“我希望你进步，你知道吗？”“知道。”“你能进步是很不容易的，你要珍惜！我希望现在是你一生的转折点。”“是这样的，过去我就是不想写作业，现在，就像变了一个人似的，是我自己想写作业的，上语文课时，我要是不遵守纪律不学习就觉得对不起您。”接着，他又说，“过去我一个朋友都没有，他们都把我当坏人，我都不想活了。现在我有好几个朋友了。过去我爸爸几乎天天打我，那时候，我们家几天就得买一把新笤帚。”“为什么？“打我打坏了。我妈妈把新笤帚绑上棉花，让我爸爸给揪下去了。我妈妈又买了塑料笤帚，我爸爸一看是软的，他就用墩布把打我……您教以后，给我爸爸打了电话，我爸爸就再也没有打过我。”我的感受是这个孩子挺可怜的。说着说着，他忽然问我：“孙老师，您哪天生日？”“你问这个干什么？”他哭了，一边哭一边说：“您对我太好了……我想长大了报答您……我有您这样的老师，觉得很幸福。”我激动地握着他的手，我被感动得热泪盈眶，说：“小郭，听了你这几句话，我非常非常感动。”

计算机课的老师来了，小郭赶紧站好："张老师，我错了，请您原谅我！"说着他又哭了，是他自己主动向老师鞠了躬，非常诚恳地承认了错误。老师原谅了他。

孩子刚才对我谈的话对我触动很大。面对着一个问题很多很淘气的孩子，假如我们不去倾听他的心声，不去关心他的处境，只是一味地指责他的错误，我们把这样的孩子当作"人"了吗？他的这一番话我听以后，感觉是惊心动魄的！这说明每个孩子都有一个丰富的内心世界，有着自己的苦辣酸甜。作为教师必须理解孩子，尊重孩子，设身处地地想想孩子的需求是什么，帮助他们解决问题，保护他们的心灵不受伤害。只有先做到这些，恐怕才能谈到对他们的教育。

大年初一，小郭的爸爸给我打电话拜年，说："告诉您一件事，前几天，小郭在家里犯了错误，能够主动对我说：'爸爸，我错了。'这是从来没有过的现象，我问他，为什么能够这样做，他说，是孙老师教育我这样做的，我非常感动，谢谢您了，孙老师！您家住在什么地方，告诉我，我一定到家里好好谢谢您！"我说："您不用来我家。您告诉小郭，我听到他能够在家里主动向您承认错误，非常激动，这就是他送给我的最好的春节礼物。"

后来，学校撤消了小郭的处分。他也以合格的毕业生从史家胡同小学毕业了。可以说，小郭的转交是我继续学习教育理论、更加明确尊重孩子的结果。教育理论提高了我的认识，开阔了我的思路，丰富了我的方法，提炼了我的经验，增强了我教育学生的信心，也增强了我在学生中的威信。

这个案例的班主任老师那种敬业精神值得我们学习，对我们如何树立威信是很有启发意义的。

先有金刚钻，再揽瓷器活

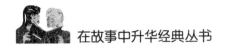

一名教师，要想在学生中拥有较高的威信，就必须要有拿得出手的“真功夫”。俗话说：没有金刚钻，别揽瓷器活。没有过人的本领，没有高超的教学能力，如何能让学生服你！建立威信又从何谈起？

所以，教师在专业发展的过程中，在建立威信的过程中，需要掌握必要的基本能力。那么，教师如何才能更好更快地掌握必要的基本能力呢？

实践证明，快速提高教师教育教学能力的渠道，就是有意识地把自己置身于具体的教育教学情境之中。这个情境可以是自己所创造的，通过对自己的教育教学行为进行反思，寻找提高的途径；也可以是一切可以利用的教学资源，比如：参加师徒结对，学习导师的教学基本功与教学技巧、艺术，通过导师手把手的示范，在“做中学”中揣摩导师教学模式与风格的真谛等。

1. 掌握教育科研常用的方式和方法

教育科研的价值在于什么？在于激发教师的创造激情，激活教师的创造灵感。苏霍姆林斯基指出：“教育科学只有当它去研究和解释那些最细微、最复杂的教育现象相互依赖和相互制约的关系的时候，才会成为一门确定性的科学和真正的科学。”中小学的教育科研要从经院式、纯理论的“空对空”研究的束缚中摆脱出来。因为，对于中小学教师来说，职业的特点决定了他们所进行的教育科研更多地倾向于“教育叙事研究”，对发生在校园里、学生中一个个鲜活的故事进行理性思考，使教师的教育更加充满智慧，教师的教育教学的行为更加科学，更具有实效性。

学校的教育科研关键在于观念和意识，不在于具体的方式和方法；教育科研课题的选择应该是自下而上的过程，而不是自上而下；教育科研应该注重内容和过程，不是注重形式，也不单是注重结果。

教师的视野往往局限在课堂教学，这种较低层次、较窄的范围，影响着教师专业发展的步伐。

教育科研应该遵循实践性、创新性、可行性的原则。中小学教师的教育科研主要有以下方式：

一是教育叙事研究。叙事主义者认为，人类经验基本上是故事经验，研究人的最佳方式是抓住人类经验的故事性特征。教育科研也应该以教育叙事研究为主，所考察的对象便是教师所积累的教育教学经验和现象。教育叙事不是简单地等同于一般的讲故事，而是将发生在教师日常教学生活中的“教学故事”，借助于理论与研究方法，以研究文本的方式展现出来，记录有关教育经验故事的同时，撰写有关教育经验的其他阐述性故事。这种研究活动的内容都是教师日常教育教学过程中发生的事情，由教师自己向他人讲述这些事件，提出一些自己的思考与见解，与同行进行深入的讨论。

二是反思性研究。教师对自己的教育教学行为以及由此所产生的结果进行审观和分析，总结经验与教训。

两位美国生物学家做了这样一个实验：他们先在两个玻璃瓶中，一个装进5只苍蝇，一个装进5只蜜蜂，然后将玻璃瓶的底部对着有光亮的一方，而将开口朝光线暗淡的一方。几个小时后，科学家们发现，5只苍蝇最后全找到了开口的一端跑掉了，而5只蜜蜂在撞击瓶底无数次后全都死在了玻璃瓶里。研究分析，蜜蜂的生活经验，它们总是认为有光源的地方就有出口，所以每一次总是全力以赴地冲向光源方向，即便是冲在前面的同伴经过几次的撞击终于殒命瓶底，它们也不假思索地前仆后继。而苍蝇没有蜜蜂这样的经验，更重要的是，几次在瓶底碰壁之后，它们改变了单一线路，终于在瓶口找到了出路，完成了自救。

这个实验给我们带来的启示是：教师要积累经验，更重要的是要不断地反思经验和更新经验，这对于自身生存与专业发展是有着直接关系的。

三是案例解读式研究。案例是一种描写性的研究文本，通常以叙事的形式呈现，它基于真实的生活情境或事件。案例可以成为教学中的一个例证，也可以作为情景模拟、决策制定和问题解决的模板，也可以作为教师教学或学生学习反思的催化剂。案例在课堂教学中的引入，可以引发充分的讨论，培养学生观点多元的意识，激发学生的发散性思维，提高他们分析问题和解决问题的能力。通过具体的教育教学案例，教师们可以从不同角度出发进行解读，利用教育理论提升对问题的理性认识。案例教学应该以课例为载体进行教学研究，其案例或课例的选择出发点应该是关注和解释来自课堂中的现实问题，来自教师教学实践中的教学行为，教学过程中的得与失。

案例教学是发挥学生聪明才智、改革传统“你讲我听”教学模式的一种好的教学方法。哈佛商学院以案例教学著称于世，这种教学模式是它培养出高层次人才的一个重要的因素。美国500家最大的财团的决策经理中，有三分之二是哈佛毕业的。在哈佛商学院的两年时间内，每个学生要接触800多个案例。为了满足教学需要，哈佛商学院每年要准备6000个教学案例，其中三分之一是近三年内发生的事情，并且每年都更新四五百个，使学生了解最前沿的东西，提高分析问题和解决问题的能力，增强时效性。哈佛商学院在案例教学中，通过学生的思考、讨论，提出解决问题的具体对策，并且鼓励对策方案的多元性和创新性，提高学生的“实战”能力。这种讨论是否有正确的答案不是重要的，重要的是每个人都积极参与其中。在讨论中答案往往不唯一，有时甚至没有答案，这样做的目的在于鼓励、引导学生充分地展示自己，培养独立思考和创造能力。这对我们的“原理教学”是否有些启示呢？我们的思想品德、历史等课程是否可以借鉴呢？

此外，还有对话、引领式研究，就是教师将发生在教育教学中的具体问题，与专家进行理论探索以得到专家的专业引领和指导的一种研究。

2. 具备必要的写作能力

教师开展教育科学研究需要具备一定的写作能力。但从目前情况看，教师的写作能力差是一个较为普遍的现象。许多人连一般的总结、计划、读后感都写不好，更不用说写出一篇像样的论文了。为什么会出现这个问题？这与我们师范教育的办学模式有关。学校重视专业知识，忽视能力培养，忽视人文素养的培养。在实际工作中，无论是学校还是教师本人，一般都不注重写作能力的训练，教师只能“说”不能写的现象普遍存在。很多教师总结不出自己或者他人的教育教学经验，对问题发现和解决办法方面的提炼与总结缺乏深度，这也是影响教师专业发展的一个重要因素。

3. 灵活把握教育教学思想

因材施教。教育教学的过程中没有固定的模式，应因人、因事、因环境而异，对待不同的学生、不同的教学内容，处在不同的教学环境，就应该采取不同的方式方法。与此同时。因材施教也应该与教师的教学风格、个性特长相匹配。

授人以渔。赞可夫提出了“使学生理解教学过程”的原则，强调的是要使学生掌握学习的方法。教师在教学过程中就应该引导学生具体问题具体分析，灵活运用所学的知识解决实际问题。

潜移默化。这里包括学校环境、教师的人格魅力、学校文化等有形或无形的“隐蔽课程”。这些时时处处地影响着学生，对学生身心发展起着积极的作用。教师应该有效地把这些“隐蔽课程”巧妙地融合在学科教学之中。

举一反三。这是启发式教学过程中经常倡导的教育理念，每一位教师也都知晓，但是在教育教学行为中，一些教师却没有体现这一理念。教师也要求学生“举一反三”，可自己并没有给学生创造“举一反三”的环境，也没有启发学生掌握“举一反三”的基本要领。教师在教学设计上没有考虑到这一点，所讲授的内容没有引导学生进行联想、拓展，没有深化教学内容，学生怎能具有“举一反三”的意识和能力呢？因此，“举一反三”应该先从教师本身做起。

开而弗达。指的是引导学生茅塞顿开，使学生开窍。教师不能越俎代庖，让学生亦步亦趋地跟在教师的后面，吃教师嚼过的剩饭。这样做好像达到了当场解决问题的目的，解了学生的“惑”，但并没有使学生掌握解决问题的方法，对问题的认识也不够深刻。这时，教师的引导作用就凸现出来。教师要引导学生开动脑筋，发挥团队精神，研究切磋问题，最终达到融会贯通的目的。

罕譬而喻。启发式教学应该避免喋喋不休地说教，或者运用漫无目标的“题海战术”。教师应该花费最少的时间，利用精练、透彻的教学语言，把问题分析透彻，组织有效的讲练结合活动，从中发现问题并进行及时的纠正、答疑，使启发式教学达到最优化的状态。

启发式教学要避免走入形式主义的死胡同，不能只注意回答问题的形式，借助于实物比喻，应该注意内在关系。比如：

有的教师在德育教学中，为了启发学生什么是好人与坏人、什么是好事与坏事，便指着有一滴水的树叶问学生：“叶子上有多少水？”学生回答：“只有一滴。”教师接着问；“一滴水汇集起来是什么样子？”学生回答说：“将是很多水。”教师接着又问学生：“那么，一个人是怎么变坏的？”学生说：“坏事做多了就会变坏。”老师在肯定学生的问答后进一步问：“那么，好人或坏人是怎么变成的？”学生说：“是通过做小的好事或坏事。”教师最后总结说：“对，好事和坏事一样都是从小变大，正如一滴水可以汇集成大海。”

在这个实例中，教师把“好”与“坏”，“水滴”与“大海”的联系等同起来，以这种问答的形式来启发学生，表面上看似达到了“教育效果”。但由于所列举的实例缺乏内在的逻辑关系，比喻也不恰当，这种没有实际意义的问答过程使得启发式教学的价值大打折扣，甚至对学生的思维还造成混乱。

由一滴水到一些水以至于汇成汪洋一片，这只是量的变化，并没有质的变化；而“好事”与“坏事”，“好人”与“坏人”的演变不只是量的变化，其结果发生了质的变化。可能有人会说，在很多情况下会出现量变成质变的演变过程，也会举出许多例子来。但也有许多因“一念之差”铸成大错，使“好人”变成“坏人”，也有一些因偶然因素使得“好事”变成“坏事”。由此看来，在启发式教学或说服教育学生时，所列举的例子、比喻等应该恰到好处，才能有作用。

相观而善。启发式教学不仅仅局限于师生之间，还应该在教师的引导下，开展生生之间的相互探讨和研究。这样做的目的在于提高学生学习的主体地位，激发学生学习的积极性，增强学生自我管理、团队合作能力。这种启发式教学是一种高层次的。

4. 需要灵活、有效的沟通

沟通的方法很多。我们往往将沟通仅理解为正向的沟通，也就是说通过谈心、表扬等方式进行，很少把那些批评、惩罚等也视为沟通。

尊重、信任、赏识学生是应该的，但这并不意味着教育中不能有批评，因为正向的激励并不是万能的，关键是批评应该讲究策略。1923 年担任美国总统的约翰·卡尔文·柯立芝的一位女秘书，长得漂亮，但就是工作粗心大意，常常出错。一天早上上班时，柯立芝看到女秘书，便说：“你今天穿的衣服很漂亮。”女秘书听到总统这样夸她，非常高兴。柯立芝接着说：“不过不要骄傲，我相信你的公文也会处理得跟你一样漂亮。”果然，女秘书工作认真了，公文的整理上也很少出错了。有人问柯立芝是怎样想到这个巧妙办法的，柯立芝说：“你看见理发师给人刮胡子了吗？先要给胡子抹上肥皂水，为什么？因为这样刮起来不疼。”

家访也是一个沟通的渠道。家访的目的不仅仅是了解学生的家庭背景、学生问题发生的原因，以及与家长共同商量对策，更重要的是教师通过家访与家长建立一种互相沟通的渠道，通过诚挚的对话交流，达到相互信任。有效的家访，可以增进学生与教师的亲近感，拉近教师与学生之间的心理距离，从而使教育在家长的有效支持与配合之下收到良好的效果。

课堂教学的过程也是师生沟通的一个过程，这种沟通一般是指教师的语言，也就是表达。这就需要教师根据课文内容的感情基调与学生接受能力状态、情绪来调整自己的语言表达技巧，使语调、语速适中，能表达出轻重缓急。因此，教师在具备课堂上语言沟通这种主观意识的同时，也应当掌握课堂语言表达技巧，以增强教学效果。恰当地使用肢体语言有时会起到引“生”入胜的作用，教师在与学生沟通时可以运用一些恰当的肢体语言表达对学生的关注；微笑、目光这些也都是一种无声的沟通语言，在他们的背后可以表达出教师的主观意图，“无声”胜“有声”，学生可以从中体味些什么，可以意会到一些东西，可以从中得到激发，也会从中感受到沮丧。那种不顾学生、不顾教学内容的要求，一概“我行我素”，让学生被动地接受学习，都不能引起学生对学习的兴趣。正如马卡连柯所说的那样：“只有学会用 15 种乃至 20 种音调来说‘到这里来’的时候，只有学会在脸色、姿态和声音的运用上做出 20 种风格韵调的时候，我才变成了一个真正拥有表达技巧的人。

5. 不断充实和完善创新性思维

一些教师习惯于经验型的思维方法，不论什么问题，首先在头脑中将其与过去经历过的事件作比较，以经验来衡量所要认识的新对象；有的教师习惯于从原则出发的思维方法，不论什么问题，首先和头脑中事先定好的原则作比较，以原则作为判断是非的标准；有的教师习惯于现实型的思维方法，尽量排除以往经验和原则的影响，就对象本身去认识事物；有的教师甚至习惯于预测型的思维方法，接触到一个问题时，特别注意思考事物未来的发展。

这些思维方法各有所长，也都各有所短，最正确的是掌握辩证思维方法。要从实际出发思考问题，从普遍联系中分析事物，用发展的观点看待一切，应用“一分为二”的思维方法进行决策，从数量关系上把握适度。

模拟思维方法是使思考内容具体化的一种方法，即根据两个或两类对象之间在某些方面的相似或相同，而推出它们在其他方面也可能相似或相同的一种逻辑思维方法。应用模拟可以使说服教育工作具体化，从而收到单纯说理所不能取得的效果。

有一个“危如累卵”的典故。说晋灵公贪图享乐，竟花费大量人力财力建造九层之台，还规定谁要进谏当死不赦。荀息求见灵公，灵公料他为谏而来，便张弓搭箭，只待他有半句谏言，就一箭射死。谁知，荀息只是笑着欲给灵公表演小技：在12个重叠起来的小棋子上面，再加上9个鸡蛋。灵公欣然同意，令其当众表演。荀息叠好12个棋子之后，开始加放鸡蛋时，众人及灵公无不惊讶："这哪能成？险矣！"荀息却说："这算什么？还有比这更危险的呢！"并趁机沉痛地说："九层之台，造三年尚未完工，以致无人耕织，国库空虚。况且邻敌欲侵吞我们，长此下去，必将亡国，岂不更险乎！"至此，灵公恍然大悟，自叹"错矣"，遂改之。

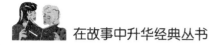

逆向思维是一种创造性思维。

印度有一家电影院，常有戴帽子的妇女去看电影，坐在前面的人的帽子挡住了后面观众的视线，观众请电影院经理发个场内禁止戴帽子的通告。经理摇摇头说：这不太妥当，只有允许她们戴帽子才行。"大家听了，不知何意，感到很失望。第二天，影片放映之前，经理在银幕上映出了一则通告，"本院为了照顾衰老有病的女客，可允许他们照常戴帽子，在放映电影时不必摘下。"通告一出，所有女客都摘下了帽子。这是什么道理呢？原来这个经理利用了一些妇女怕别人说她们衰老有病的心理，即戴帽子的年轻人怕别人说她"衰老"，年龄大的不愿意承认自己"有病"，所以把帽子摘下来。

前排人戴帽子遮住了后排人的视线，常用的方法是禁止，这是一种常规的思维方法。这种思维方法解决一般常见的问题当然是可以的，如在十字路口，行人见到了红灯，就必须立即停止前进，否则后果就不堪设想。但是，这种思维方法不具有创造性，用来解决特殊问题就显得无能为力。印度电影院经理的做法就高人一等，胜人一筹。

掌握科学的思维方法，首先要突破思维定势。

一个教授给一群学生出了这么一道题：一个聋哑人到五金商店买钉子，先用左手做持钉状，接着两只手指放在柜台，然后右手做捶打状。售货员先递过一把锤子，聋哑人摇了摇头，指了指做持钉状的两只手指，这回售货员终于拿对了。这时候又来了一位盲顾客……同学们，你们能否想象一下，盲人将如何用最简单的方法买到一把剪子？教授这样问他的学生。有个学生举手回答：很简单，只要伸出两个指头模仿剪刀剪布的样子就可以了。这个学生回答完，全班表示同意。这时候，就听教授说：其实盲人只要开口说一声就行了！

记住：一个人一旦进入思维的死角，智力就在常人之下。

我们教师或多或少地积累了一定的教学经验，做事有了一定之规，也就是说有一定的工作、教学的习惯，在思维上也刻画出一定的固有的模式。这对于我们按部就班地从事教学工作可以说驾轻就熟，起到事半功倍的作用。但是，教师在教育改革的大潮中，面对教育创新的浪潮，要加快专业发展的步伐，这些固有的模式、经验就会起到绊脚石的作用。因此，突破思维定势，才能使自己摆脱旧有模式的束缚。

要学习和掌握培养学生的思维训练的方法。包括：

求证思维。用学过的知识和已得到的生活经验来证明结论正确的思维。

分析思维。按照认知规律，由浅入深，由感知到理性，不断提升认知能力。

推理思维。运用逻辑判断、推理的思维，提升推理能力。

逆向思维。突破思维常规的反向思维，培养寻根问底思考问题的能力。

再现思维。对形象再现的思维过程，培养对往事的再次呈现，加深理解，强化记忆力。

想像思维。在已有的知觉材料的基础上，通过新的组合而创造出新的形象，培养由此及彼、由表及里的联想、推测和幻想能力。

6. 有效整合与科学使用信息技术

教学基本功是教师教学生涯所必须具有的，这是教师职业特点所要求的，是教师专业发展的基础条件之一。过去我们强调教师要具备一定标准的“三字一话”，即粉笔字、钢笔字、毛笔字、普通话，这是课堂教学所必需的。随着信息技术革命的兴起，信息技术也被广泛地应用在教学领域中。教师面临着如何有效地应用信息技术服务于教学的问题。

教师不仅自己进行课件开发，做好信息技术与学科知识的整合，熟悉网络技术的应用，同时还要指导学生利用信息技术辅助学习。计算机技术对大家来说已经基本都掌握了，但是如何科学地、有效地把计算机技术运用到实际教学中去，这还有一段距离。信息技术在教学中有效的运用，扩展了教学的空间，提高了教学的效率。这是一场教育技术上的革命，一改只靠书本、粉笔施教的传统的教育模式，在课堂教学中向学生展示了全方位、多渠道、最直接的视听感受，直观、形象地辅助教学，促进学生对问题的理解。

信息技术与课程的整合，要达成以下共识：教师要用活信息技术。信息技术仍是教学的辅助手段，它不能替代教师在课堂教学中主体地位。教师应借助于信息技术的优势，更好地服务于教学。但有些教师机械地使用信息技术，片面地理解多媒体技术，被多媒体牵着鼻子走。在教学的全程中使多媒体成为教师的“替身”与学生“交流”，而教师则退出与学生交流的行列，成为鼠标的点击者，成为忙于处理画面的附庸。这种本末倒置的做法，失去了倡导信息技术在教学中运用的本意。

信息技术不是万能的，优势明显，缺陷也明显。课堂教学是众多生命体的情感交流的场所，在知识传授的同时，时时处处都渗透了师生之间、生生之间情感的交流与分享，这些都需要通过语言、表情、动作等方式来实现，而所有这些都是多媒体技术所不能替代的。这时，教师在课堂上所扮演的引导者的角色作用便显现出来。

要进行教学课件的学习与开发。课件制作要与学科教学内容相匹配，要进行筛选后重新组合，浓缩为教学所需要的辅助资源；教师要有效地运用多媒体技术，课堂教学不能成了多媒体课件的幻灯片和动画播放；教师在使用多媒体技术的同时要注意与学生的互动交流，也要创造条件使学生之间能有更多的合作交流。多媒体技术就像是一把“双刃剑”，也就是说要处理好多媒体技术运用与教师课堂教学之间的关系，关系处理好了就会使教学达到事半功倍的效果，反之就会达不到教学的目的，得不偿失。

信息技术是为教学服务的一种手段，它的定位是“辅助”，如果本末倒置，整堂课在施行“电灌”的话，那么就曲解了在课堂教学中引入信息技术的本意了。

成为专家型教师

一个有威信的教师不能是一个平庸的教师，他应该而且必须向专家型教师靠拢。

一般来说，专家型教师是教师职业生涯的顶峰，也是广大教师努力的方向。所谓专家型教师主要是指在教育教学的某一方面（主要是学科教学或学术研究领域）有专长，具有良好的教学效能感和教学监控能力，在教学中富有创见，能根据教学情境的变化及时灵活地采取恰当的教学行为来促进教学顺利的进行，能够产生较高教学质量的教师。

专家型教师首先应具备一般教师所具有的素质，热爱教育事业，热爱学生，能够用教育专业的眼光待人处世，有规范的教师专业伦理；熟悉教学内容，掌握灵活的教学策略，有较丰富的教学经验；能够客观、全面、准确地了解学生的反应；能够把教学内容转换成适合学生接受的知识；能够高质量地完成教学计划；能够富有创新性地进行教学。

同时专家型教师要参与教育科研工作，要成为研究者，不能只是停留在“知识传递者”的角色上，而是自己在实践中进行研究和探索。

曾在媒体上看过这样一篇文章：

专家型教师与教师新手的区别

国外大量的研究表明，专家型教师与教师新手在课时计划、课堂教学和课后评价等方面有着明显的不同。

对课时计划的分析表明，专家教师的课时计划简洁、灵活，以学生为中心并具有预见性。它突出地包括了课的主要步骤和教学内容。在备课时，专家教师会在头脑中形成包括教学目标在内的课堂教学表像和心理表征，表现出一定的灵活性和预见性。而教师新手则比较关注课时计划细节，关心如何完成课时计划而很少考虑课堂情境的变化和学生的需要，是一种比较简单、比较孤立的课时计划。

在课堂教学过程中，专家教师能够明确制定和执行课堂教学规则，有一套有效的吸引学生注意力的方法，能灵活运用多种教学策略。而教师新手的课堂教学规则较为含糊且不能坚持执行下去，常常缺乏或者不会运用教学策略。

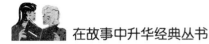

在课后评价上，专家教师关心学生对新材料的理解情况和他认为课堂中值得注意的活动。而教师新手更多地关注课堂中发生的细节，关心自己的课堂表现和教学是否成功。

斯腾伯格等人的研究认为，专家教师和教师新手的区别主要表现在专业知识、问题解决的效率和洞察力三个方面：

在专业知识方面，专家与新手之间最基本的差异在于专家将更多的知识运用于专业范围内的问题解决中，并且比新手更有效。专家教师不仅在知识的量上多于教师新手，而且在知识的记忆组织方式上也优于新手。专家教师拥有的知识以脚本、命题结构和图式的形式出现，比新教师的知识整合得更完整。

在效率上，专家解决问题的效率比新手更高。专家依靠广泛的经验，能迅速完成多项活动。程序化的技能使得他们能将通过自动化而“节约”的大量认知资源集中在教学领域高水平的推理和解决问题上，尤其是在接触问题时他们具有计划性且善于自我觉察。

在洞察力方面，专家和新手都运用知识和分析来解决问题，但专家在解决教学领域里的问题时富有洞察力，能够鉴别出有助于问题解决的信息，并有效地将这些信息联系起来。专家能够通过注意，找出相似性及运用类推重新建构手边问题的表征。通过这些过程。专家型教师能够对教学中的问题取得新颖而恰当的解答。

这篇文章告诉我们：专家型教师具有求知欲、主观能动性和自学愿望，有合理的工作方式的知识，有演绎、归纳和类比的能力；在进行一项活动时具有确定其不同阶段所必须遵循的逻辑顺序能力；有形成和修改假设，拟定观察计划或实验计划，以及理出事实与现象之间联系的能力；有对收集到的数据材料能够加以处理，使之系统化，并且予以说明的能力，从而得出结论；有独自作出具有科学根据的决定的能力；有清楚、确切、简洁的表达能力。

1. 专家型教师的基本特征

（1）有合理的工作方式的知识，有演绎、归纳和类比的能力。专家型教师应具备的知识主要包括所教学科知识，教学方法和理论，适用于各学科的一般教学策略（诸如课堂管理的原理、有效教学、评价等），课程材料，以及适用于不同学科和年级的程序性知识。教特定学科所需要的知识，教某些学生和特定概念的特殊方式；学习者的性格特征和文化背景；学生学习的环境（同伴、小组、班级、学校以及社区）；教学目标和目的。除了拥有这些丰富的知识。专家型教师还能将这些广博的、可利用的知识灵活地组织起来，运用演绎、归纳和类比等方法用到教学中去。

（2）能高效地解决教学领域内的问题。专家型教师在教学领域内，相对于非专家型教师而言，能高效地解决教学问题。专家型教师在自我发展的过程中，他们积累了广泛的知识经验和教学经验，并能够迅速有效地将各种信息联系起来，且只需很少或无需认知努力便可以完成多项活动。专家型教师对于某些教育技能已经程序化、自动化。这使他们能够将注意集中于教学领域高水平的推理和问题解决上。此外，很重要的一点是，专家型教师善于监控自己的认知执行过程，即在接触问题时他们具有计划性且善于自我观察，时机不成熟时，他们不会进行尝试，而在教学行为进行过程中，他们又能主动对自己的行为做出评价，并随时做出相应的调节。

（3）善于创造性地解决问题，有很强的洞察力。一般教师和专家型教师都是应用知识来分析解决问题的，但专家型教师能创造性地解决问题，在教学中能够鉴别出有助于问题解决的信息，并能够有效地将这些信息联系起来，重新加以组织。他们的解答方法既新颖又恰当，往往能够产生独创的、有洞察力的解决方法。因而专家型教师能够对教学中的问题做出新颖而恰当的解决。

2. 专家型教师的素质结构

教师专业化为确立专家型教师质量标准提供了依据。国内外的学者对教师的素质问题纷纷发表自己的见解，美国学者论述了受学生喜爱的教师特征有三方面：第一，亲童性。爱护学生，尊重学生的独立性，考虑学生的需要，鼓励每一个学生的学习与进步。第二，安全感。教师在学生面前的自信和随和以及由此形成的教师威信。第三，个人组织能力和综合能力。教学组织、班级管理、课业规定等方面的使学生可以接受的能力、魄力和态度。我国学者叶澜提出未来教师的理想风格是“对人类的热爱的博大的胸怀，对学生成长的关怀和敬业奉献的崇高精神，良好的文化素养，复合的知识结构，在富有时代精神和科学性的教育观念指导下的教育能力和研究能力，在实践中凝聚生成的教育智慧”。唐松林等人提出了三维一体的教师的教育素质结构，即教师素质包括认知结构、专业精神和教育能力三方面，教师的教育素质结构是这三个维度组成的精神世界，其中认知结构起导向和支配作用，专业精神起动力作用，教育能力起保证作用，三者是彼此联系、相互影响、制约、渗透的有机统一整体。

而专家型教师的素质结构与一般教师的素质有相同点的同时，也有其特殊点，具体可以概括为以下几个方面：

（1）高尚的师德。师德是教师的灵魂。专家型教师首先要有高尚的师德。教师的师德对于学校教育的成败具有举足轻重的作用。高尚的师德包括对教育事业的热爱，强烈的事业心和奉献精神；科学的世界观和积极向上的人生态度；强烈的责任感和对学生的尊重、关心和爱护；处处为人师表，以身作则。师爱是师德的核心，师爱是一种强大的力量，它不仅能够提高教育质量，也会促进学生的成人和成才，影响学生的身心发展、人格形成、职业选择和人生道路的转变。教师的师德是教师个体的人格魅力的反映。在学生心目中，教师是社会的规范、道德的规范、人们的楷模、父母的替身。教师的人格作为师德的有形表现，高尚而富有魅力的教师人格能产生身教重于言教的良好效果，教师的人格对年轻心灵的影响，是任何教科书、道德箴言、任何奖励和惩罚制度都不能替代的一种教育力量。

（2）科学的教育理念。教育理念是指教师在对教育工作本质理解基础上形成的关于教育的观念和理性信念。是否具有科学的教育理念是区分一般教师与专家型教师的重要标志。专家型教师重要的一点是具有科学的教育理念。

教师是教育活动的组织者和引导者，教师持有什么样的教育观念，不仅直接关系着教师的教育行为，而且还间接地影响着未来教育的性质与发展。专家型教师的科学理念主要包括三个方面：第一，要树立尊重爱护学生，注重开发学生潜能，促进学生个性全面发展的教育观；第二，树立这样的教师观：“教师的主要职责是越来越少地传递知识，而越来越多地激励学生思考，教师将越来越成为一位顾问，一位交换意见的参加者，一位帮助学生发现矛盾焦点，而不是给出现成真理的人”；第三，树立学生是有主观能动性的千差万别的个体，是教育活动的主体，是学习和发展的真正主人。学生有多方面发展的需要和发展的可能，教育应不断满足学生发展需要，促进学生尽可能发展的学生观。

（3）相当的专业知识和专业能力。相当的专业知识和专业能力是教师从事教育教学工作的前提和保证。专家型教师更需要具有这一点。

一般来说，专家型教师的知识结构包括普通文化知识、学科专业知识和教育学科知识三方面的内容：强调教师对普通文化知识的掌握，是因为普通文化知识本身具有陶冶人文精神，涵养人文素质的内在价值，它能丰富人的文化底蕴，使人性更加完满。专家型教师对普通文化知识的掌握不仅要渊博，而且要精深，要内化到个体知识结构中去。掌握学科专业知识，不仅要求教师对自己所教学科的基本内容有深入透彻的了解，还要了解学科的架构、发展脉络及学科信念等内容。教育学科知识包括教育学、心理学、教学法及教育科学研究等方面的知识，这是教师专业发展的必然要求。专家型教师的专业能力除了应具有教学能力、组织管理能力、决策能力、交往能力外，还必须具备相应的教育科学研究能力。这是专家型教师区别于一般教师的根本所在。教育研究能力是一个综合的能力结构，一般来讲，它包括以下几种能力：定向能力、理论思维能力、创造能力、动手实践能力、评价分析能力、组织科研活动的能力。这六种能力在每个人身上的不同发展水平，就形成了每个人不同的研究风格。

（4）勇于创新，具有一定的创造性。专家型教师拥有前面三个方面的重要素质后，其运用知识和技能的能力更加突出。专家型教师“不是传声筒，把书本的东西由口头传达出来，也不是照相机，把现实拍摄出来，而是艺术家、创造者”。21 世纪的发展呼唤创造型教师人才。学生创新精神和创新意识的培养乃至创新素质和创新能力的提高都与教师有着最为直接的关系。没有教师的创造性，很难培养出适应未来社会发展需要的具有创造性的学生。具有创造性是区分“教育家”与“教书匠”的重要标志。

专家型教师具有创新意识、创新精神和创新能力，即对教育发展有前瞻能力，能迅速感悟、准确判断处于生成和变动的教育过程中可能出现的新趋势和新问题；具有教育智慧，及时把握教育时机，能根据实际环境选择和决策，调节自己的教育行为；尊重科学，不盲从和迷信权威，有创新的教学模式，创新的教学方法和新颖别致的教学内容；善于进行科学研究，能创造性地把新思想、新观点、新方法融会到自己的思维模式和工作模式中去。对解决问题有自己独特的见解和主张。

3. 成为专家型教师的基本途径

教师自我发展的目标是成为一个专家型教师，专家型教师的成长过程就是一个终身学习的过程。从某种意义上说，教师的成长就是一个终身学习的过程。

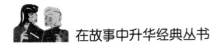

这里要讲的终身学习，一是提升学历，二是知识更新，三是提高能力。

终身学习，就是要不断长本事，走终身学习的道路。许维诚先生在为《学习科学大辞典》作序中写道："从个人来说，在无限广阔的知识海洋中，如何快速地获取自己的那一部分知识？随着事业的发展，又如何补充知识来满足新的需要？面对知识本身的不断发展，又如何能做到不落后于时代？这些问题都告诉我们，学习是每个社会成员终身的事情。"

作为教师，不但要终身更新自己的观念，拓展自己的知识面，完善自己的知识结构；而且要终身将学习与工作结合起来，要不断磨砺自己的思想品格，积淀自己的人文底蕴，提升自己的整体素质，使自己始终跟上社会发展的需要，成为人们终身学习的榜样。

终身学习首要标准就是要学会学习，就是学会掌握最适合自己的学习方式，能够通过探索，独立地进行有效的学习。作为一名教师，在自身成长的道路上学会学习尤为重要。这是因为，其一，教会学生学会学习首先要教师学会学习。学会学习是教师从教的基石，教师教给学生应是学会怎样学习和怎样思考。要指导学生怎样学习，教师应是学习的典范，应该率先学会怎样学习。教给学生发现真理的方法，而非简单的奉送真理，应该授之以渔。学习中有三点特别重要，一是迅速获取有用信息；二是利用它来解决问题；三是变革它，推陈出新。其二，知识迅猛更新，客观上要求教师学会学习。据技术预测专家测算，人类的知识，目前是每三年就增长一段。西方白领阶层目前流行这样一条"知识折旧率"：一年不学习，你所拥有的知识就会折旧80%。面对知识的蜂拥而至，我们必须学会从中筛选、检索、加工、整理这些信息，从中提取出最有利于自己生活、最有利于师生发展的信息，不断更新自己的知识结构，使自己课堂常教常新。

综合国内外一些研究成果，教师要做到终身学习，就应当掌握认识世界的工具，学会学习的方法；有效地沟通与表达；具备泛读和理解的技能，具有探究推理、解决疑难的能力；具有获得、处理与应用信息的能力；具有创新的意念；具有开展研究的能力；终身学习。教师具备了较强的学习观念，要逐渐形成一定的学习能力，养成学习的习惯。这样“终身学习”才不会是一句空话。

（1）学习的内容。教师自我终身学习的内容有很多方面。学习是无止境的，学习的内容也可以说是广阔的。作为教师，一般的学习可以是以下几方面内容：

①学习职业道德。要不断提升职业道德修养。

②学习教育观念和教学模式的更新。目前特别是新课程理念和教学模式的掌握与运用。

③学习所教学科的专业知识。注意搜集专业发展的新动向、新信息，不断更新知识，以适应时代发展的要求和学生学习的需求。

④了解教育学、心理学发展的新成果。

⑤加强外语和信息技术的学习。运用国内外教育信息资源和现代化多媒体教学、多媒体备课等信息技术手段，将信息技术与专业知识的教学整合到一起，需要教师具有较高的外语水平和信息技术能力。

⑥丰富跨学科的知识，掌握现代科学技术发展的新动向。当今科技发展的一个重要特征就是技术的相互交叉与融合，即国际上倡导的“大科技”的概念，社会对人才的要求是多元化、全方位的。教师应有选择地学习一些人文、社会、市场、管理等方面的知识，了解新兴的尖端的科学技术，并恰当地与自己的专业相融合。

（2）学习途径。教师自我终身学习的途径有很多。常说的可以有以下几种：

①向书本学习。一本好书就像一艘船，带领我们从狭隘的地方驶向无限广阔的海洋（凯勒语）。

②利用计算机网络学习。利用网络不断地吸收相关的知识内容，关注科技发展的新动态，用新知识不断充实自己；不断提高自己的信息素养，熟练地运用计算机获取、传递和处理信息。网络教育时代已为人们的再学习提供了极为便利的条件，时空限制的跨越，海量信息的开放，使网络学习成为当今最佳的自学途径。

③向周围其他同仁学习。学习他们的教书育人的经验和方法，结合自己

的实际巧妙移植，可以少走弯路。

④向实践学习。实践出真知灼见，实践长才干。

⑤向学生学习。课改使我们又有了新的认识：师生之间是互动的。这种互动的开放教学给学生提供了展示自我的舞台，使他们尽情发挥自己的特长；给老师创设了无限的研究空间，也带来了巨大的压力和发展的动力。学生也是教师的学习源。

⑥行动研究。通过教学反思和科研创新，不断总结经验。积累财富，提高教育教学本领。

⑦合作交流。与同事或兄弟学校老师合作，比如集体备课、互相观摩、合作教学、教学教研等，吸取他人的经验来提高自己。

⑧进修或接受培训。根据需要可利用业余时间参加非脱产班的短期学习，也可在工作状况允许的条件下，进入高等院校系统地进行专业学习，扩充知识面。

总之，成为专家型教师，是教师提高威信的必经之途。

具备广博的相关学科知识

中小学生好奇心、求知欲强烈，富于幻想，他们常常带着种种幻想与理想，探索未知的世界，会向教师提出各种各样的问题。如果教师能满足他们的求知欲望，科学准确地解答他们提出的问题或者指导探求知识的方法，那将会成为学生的良师益友，他们会以崇敬的心情感激老师的指引。如果教师对学生所提出的问题不能给予解答或者是进行错误的解释，还在那里声严色厉地训诫学生要“努力学习”、“成为德才兼备的人才”，不仅收不到实效，反而会被学生讥笑“老师是不学无术的人”，那将是极其尴尬的，也将大大有损于教师的威信。

如果教师的知识面狭窄，讲课就会照本宣科，学生听起来枯燥乏味，久而久之就会失去学习的兴趣，泯灭宝贵的求知欲。而且，有的老师还会出现知识错误。例如：

某中学一名学生写了一篇作文，题目是《假如我是飞行员》，开头写道：“假如我是一个飞行员，我将驾驶飞机，飞向太空，登上月球，去看美丽的嫦娥姑娘……”仅仅是文章的一个开头，就出现了两处错误：其一是飞机不能飞向太空，只能是宇宙飞船；其二是飞行员不能登上月球，只能是宇航员。然而，班主任老师的评语却写有“文章生动、形象、想象力丰富，开头较好……”等赞美之词。教师对这样明显的知识性错误竟然不知，是误人子弟，贻害青少年。

一个知识面狭窄、孤陋寡闻、业务水平低的班主任，在学生面前是不会有威信的。

所以，教师必须勤奋学习，不断拓宽自己的知识视野，上至天文，下至地理，社会科学、自然科学、古今中外的知识都要懂一点，既发挥自己专业的优势，又要补上自己的短缺，做到文理相通，使自己的知识成为“金字塔”结构，有广博的知识基础，又有顶端精尖的专业知识。正如加里宁所说：“教师一方面要献出自己的东西，另一方面又要像海绵一样，从生活中和科学中吸收一切优良的东西，然后把这些优良的东西贡献给学生。”

教师还需要具备广泛的爱好和才能，如对音乐、体育、书法、绘画等都有一手，那将是如虎添翼，便于指导学生开展活动和发现特殊人才。当然，做到这一点是难能可贵的，也是相当不容易的。

全国劳动模范、国务院特殊津贴享受者、省特级教师、优秀班主任华淑秋老师说，教师必须具备“一专多能”的素质。因为现代教育面对的是思想活跃的学生，他们信息来源广泛，知识比较庞杂。这就要求教师不但要有宽广的胸怀、一颗爱心，还必须有比较渊博的知识，否则就不能满足学生强烈的求知欲望，就会降低教师的威信，就会影响教育效果。所以，她在教育实践中，不断学习，不断丰富自己，学习教育理论，研究学生心理，学习语言艺术，以便更好地与学生交流情感，更好地打动学生的心。为了给学生更多的知识，她涉猎文学、历史、天文、地理等方面的知识，搜集世界重大科技成果、国内外重要新闻、党的方针政策以及名人名言、人物传记……她在学生面前树立起一个充实、丰满的形象，有如一块大型磁铁，产生强大的磁场，把学生吸引在她的周围，成为学生崇拜的人。正因为如此，华淑秋才能够一呼百应、得心应手，她的每句话、每个动作都能产生共鸣，在学生中引起强烈的反响。她为了帮助学生树立远大理想和培养良好的道德品质，把思想政治教育融于教学之中，寓于精心组织的各项活动之中。不论在课内，还是课外，她经常教育学生怎样做人，做一个什么样的人，把理想前途教育由空洞的说教变为联系实际的指点。她讲长征的故事、抗联八烈士的事迹、老山前线的战斗英雄，她组织讲演会、讨论会，讨论人生的价值，辩论人存在的意义，让学生学会用科学的思维方法去思考人生、观察社会、规范自己的言行。她还运用形式新颖、生动活泼的班内活动，如由名人名言、闪光的话摘抄发展到写座右铭，从一天一人讲演发展到一周一次班会讲评，黑板报由一期期的思想火花发展到思想评论和评优选佳，墙报由优秀作业、作文选登发展到书法展览、一人一画乃至搞起学生画展……犹如长江后浪推前浪，使学生在自我教育的海洋中学会了游泳。

现在，历史的车轮已经进入到知识经济的爆炸期，更是需要教师拥有广博的知识。教师学识广博，视野开阔，不仅在于本专业深思慎取，精而后博，而且在于其他知识也有所取，既是专家又是杂家。这样无论是教学还是科研，无论是自育还是育人，都会游刃有余。教师学识广博了，底气充足了，就能够在教学改革的道路上走得顺畅、走得长远。这方面的例子很多，像我们熟知的魏书生，他就是从一线教师走上领导岗位的。做教师，他是专家型教师，头脑灵活，科研意识强，总能够另辟蹊径解决问题；做领导，他是能够引领教师专业发展的领导，大的方面布局、谋划，小的方面教能、教法。再比如李镇西，从教几十年来，从未停止过学习和反思，故而能够厚积薄发，颇多著述。李镇西和魏书生都能够以其广博的学识、真诚的人格赢得世人尊重，这提示我们更多的普通教师应该见贤思齐，不断进取。

敬业，珍惜自己的职业

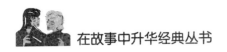

一个有威信的教师必定是一个敬业的人。

敬业，就是敬重教师职业，就是要求我们把教育当做我们的生命，对教师这一职业有发自内心的神圣感与尊严感，把教书育人看成自己的天职和使命，从而激发自己对教师职业的认同感和责任意识，在平凡的教师职业人生中实现生命的价值与尊严。

1. 敬业是自动自发

敬重自己的职业，首先是对自己职业的自动自发的热爱与激情。真正带给我们成就的不仅仅是知识和机遇，更重要的是我们的整体素质，是能不能以一种真正的敬业精神去对待所从事的工作，因为如何对待你的工作决定了你终究能够到达的高度。所谓“敬业”就是敬重自己的工作。忠诚、敬业是人的天职，尽职尽责是敬业的根本，自动自发是敬业的最佳表现，即没有人要求、强迫你，你能自觉而且出色地做好自己的事情。

爱因斯坦曾这样区分对待科学事业的三种人，第一类人是把科学当成娱乐，为满足自己智力上的优越感和成功欲的人；第二类人是把科学当做手段，为满足自己的名利欲的人；第三类人是把科学当做生命。试图用自己的努力解释和改造世界而无私奉献的人。教师工作作为一种育人的职业，它需要的正是教师对教育的自动自发的投入，积极主动的创造。惟有如此，教育才真正成为育人的艺术，而不是按部就班、依葫芦画瓢的技术性工作，教师职业才可能充满生命的情趣与创造的欢乐。

2. 敬业是热情、激情融于技能之中

（1）热爱教育激发教育热情。只有热爱，才会有热情。教育热情就是把教师全身的每一个细胞都调动起来，完成他内心渴望完成的教育工作。没有热情，陶行知先生不会拒绝高官厚禄，心系平民百姓，创办乡村师范，挽起裤腿与学生一起种田，把深刻的思想写成百姓喜闻乐见的形式……也不会成为“捧着一颗心来，不带半根草去”的教师典范；缺乏热情，教师就不可能用无私崇高的奉献去感动这个世界。

（2）教育热情升华教育激情。教育是一项需要激情的事业。由热爱教育，到对教育产生热情，是一个熟悉并逐渐深入教育的过程。随着教育工作的深入，热情又可以转化为激情。当一个教师对工作确实产生了激情，你可以发现他目光闪烁，反应敏捷，浑身都有感染力。这种神奇的力量使他以截然不同的态度对待学生、对待工作、对待生命和生活。

教育激情可以使教师对教育教学工作具有空前的开拓性，成为真正的课程开发者和实施者，成为终身学习的实践者。社会的发展需要创新，学生的发展需要创新，这些需要都聚焦在了教育上，都担负在了教师的身上，充满激情才可能让教师完成这一任务，因为激情可以诱发教师的创造力，同时也焕发学生生命世界的激情与创造的活力。

（3）热情、激情融入卓越的技能。一个对教育有热情的人，不论是在汗流浃背地批改作业，或者立于三尺讲台挥洒自如地释疑解惑，都会认为自己的工作是一项神圣的天职，并怀着深切的兴趣。一个对教育有激情的人，不论工作有多么困难，始终会以不急不躁的态度去工作，并满怀着对该领域的好奇，不断探究，提升自我。

知识是通过学习获得的。热情、激情只能推动一个人去学习技巧，而绝不能代替技巧本身。因此，敬业还表现为掌握必要的知识与技能，养成终身学习的习惯，为此不断调整知识结构，更新岗位技能，以适应时代的变化，追寻教书育人的真谛。

3. 敬业是一种境界和使命

法国画家莫奈曾画过这样一幅画，画面上描绘的是女修道院里的情景，几位正在工作着的天使，其中一位正在架水壶烧水，一位正提起水桶，还有一位穿厨衣的天使，正在伸手去拿盘子——哪怕是生活中再平凡不过的事，天使们都在全神贯注地去做。

时代变迁赋予了敬业新的内涵，对教师敬业的具体解释还源于对教师职业的理解和从中受到的启迪，源于我们平时点点滴滴的行动。教师敬业在心理上表现为高低两个层次，低层次是“拿人钱财，替人工作”，也就是按部就班地完成基本的教育工作，以对学生、家长和社会有个基本的交代；高层次是把教书育人看成自己职业人生的使命，把教师职业行为当成是个体人生的实践，是生命存在的积极实践，是通向个体意义人生的坦途。教师敬业所表现出来的就是对教育教学工作忠于职守，认真负责，一丝不苟，并且有始有终。

大教育家朱熹曾言："敬业者，专心致志事其业"。现代教师不仅是一个专业，一个人的职业和事业，也是一种境界和使命，一个人生命的意义所在。作为守望学生生命成长的天使，"爱岗敬业，教书育人"，是每一位教师被赋予的神圣职责和使命。富有使命感的教师立足本职工作，不断为自己的使命作出承诺和努力。他们都有一个相同的理想：投身于教育，为个人和学校作出应有的贡献。战胜挑战、完成使命的经历，又让他们可以从工作中获得比别人更多的经验，并进一步发挥自身的个性特长和能力，比如领导能力、合作能力、沟通技巧、逻辑思维能力以及学习能力等。

4. 敬业是教育者的承诺

教育选择了我，我选择了教育。一个人能够主观为自己、客观为他人地活着，是一种幸福，而教师是能够过上这种生活的人。在众多的职业面前，我们宁可选择当教师，选择能够为自己创造一个洁净的心灵空间的职业。敬业爱岗，做好本职工作，积极参加教育教学改革，求实、创新。它是我们于教育于社会许下的心灵诺言，是内心深处对教育事业的执著追求的承诺和期望。

选择教师职业，意味着选择了这个职业所带来的很多东西，包括琐碎、规范和约束，当然也有欣慰与尊严。如果没有教师职业带来的自我约束，这一职业就不会有美丽的光环。但它们不应当成为教师的锁链，而是帮助并支持教师及其他人员去发现和再次认识教师职业的方向和意义。

选择意味着行动。好的教育者正是那些能够恪守其理想并在行动中不断丰盈、创造教师职业生命价值的人。在实际行动中时刻保持对教师职业的认同感，从心底里接纳它，以一种尊敬、虔诚的心灵对待职业，敢于承担教师职业所赋予的一切职责和义务，像热爱自己生命一样热爱教育事业。既然我们选择了三尺讲坛，选择了几十份童真与笑脸，把教书育人、探索并积极实践教育的真谛看成是我们的天职，执著于我们的教育信念，把人生奉献给我们心中的教育梦想。

5. 在敬业中感悟教师职业的幸福

教育实践的丰富性使得我们可能在教师职业活动中获得丰富的情感体验，因而它也最有理由成为一种幸福的职业。对于追求幸福的教师来说，更重要的是挖掘教师职业的个人价值，在追求幸福的过程中捕捉教师内在的生命价值，让教师感觉到这是一份内含着尊严与欢乐的职业，是一份真正能激发人的热情和灵感的职业。教师职业并不必然是幸福的，它的幸福依赖于教师的积极创造，依赖于教师能否在教育过程中将自己与教材、与学生、与生活世界达成有意义的结合。只有将自己全身心地投入到教师这一职业当中时，才能体会到当老师的幸福，才能感受到教师职业的魅力。

首先，教师职业孕育着自由的快乐。教师可以在很大程度上张扬自己的个性，在与学生的交流中肯定自我，充分展现自我的多才多艺，让自己的生活与精神世界更加丰富多彩。优秀的教师总是会在他们的教育过程中展示出丰富的个性，把工作与生活融合起来，把职业与个性融合起来。虽然现实中仍有部分教师生活拮据、清贫，仍有捉襟见肘的寒酸，但这并不排斥教师在对学生的创造性的引导中，平凡的职业生活中获得快乐、实现自我、感受人生的自由与充实。当教师超越了纯粹物质欲望的追求，而把自己所做的平凡工作与新一代的成长联系在一起，与个人收获的快乐、自我价值的实现联系在一起时，他就会获得精神上的自由，从职业中得到生命的自由。在不经意间，他成了校园优美环境的欣赏者、学生良好举止的赞赏者、课堂生命活力的激发者、神圣职业的吟诵者。

其次，教师职业饱含着创造的幸福。传统的教育使师生滞留在教科书、教学参考书之内，而创新型教育（尤其是课程改革后的素质教育）则赋予师生无限自由的空间。教师把“干瘪的”教材丰满起来，抽象的教材生动起来，统一的教材个性化起来，并在教材中加入了自己的人格素质，使自己的素质延伸到教材中去，而不是呆板地用外在的知识、规范去教训人。当教师面对一个个鲜活的生命个体，传递自我的爱与信念，表白自己的真情实意时，他是最生动、最幸福的。也只有从事这样有尊严的职业，我们才不会成为职业的奴隶，而是在自己的职业中进行着创造性劳动，收获着职业的幸福。

再次，学生是教师生命的发展与延伸。教师为学生提供个体人生与精神的引导，促进学生生命的发展、成熟。教师把自我生命情感、态度以及人格、智慧投入到教育实践之中，将自己的人格精神融入学生的心灵，滋润着学生的生命世界，潜移默化地引导学生个体的未来生活，在学生的生命世界之中扩展着自己。在此意义上，学生的生命就是教师的生命的发展。当然，教育并不是以损失教师来造福于学生，而是教师不断超越自我的活动；学生的成长并不是对教师生命的剥夺，它是教师生命的肯定与人生价值的实现。还有什么东西比自我生命的增值更让人幸福的呢？还有什么比看到自己的学生茁壮成长更让教师幸福的呢？

教师职业是教师人生幸福的源泉。从孩子的进步中领会幸福，从家长的信任中感悟幸福，从工作的充实中体味幸福，从展示自己闪光点的过程中收获幸福。

6. 敬业中透露着感化与美

爱，意味着教师全心全意地付出，用心去感化每一个成长中的孩子。尝试去爱每一位孩子。教师在他们眼里是一个学习的榜样，无论什么都会向教师学习。孩子的眼睛就像摄像机，耳朵就像录音机，他们会把教师的一言一行记录下来。可见，一位好的教师对学生的一生多么重要！如果有人问，教师职业的价值在哪里？我们的回答是：光荣、艰巨，幸福并美丽！因为他们的影响贯穿孩子的整个人生！他们以一种品质、一种态度、一种情感，让学生产生一种熏染，一种无言的感动，一种莫名的感悟。

当学生有困难时，教师尽自己的能力去帮助他们；当学生不小心犯了错时，教师用耐心的教导去鼓励他们；当学生思想上迷茫时，教师用自己的言行和高尚的人格去感化他们。用一颗忠诚的爱心感化着学生，这是教师职业的力量与价值，这也是教师威信的源泉。

乐业，一种积极的工作态度

一个有威信的教师必定是一个乐业的人。

乐业，即以业为“乐”，乐就是享受、快乐，即能够享受职业生活，从中获得人生的快乐。乐业指向的并不只是职业本身，而是教师自身的生命状态，即一种从教师职业中获得生命的充实、和谐、完满的生命状态。乐业的根本乃是一种生命境界的提升。

乐业作为一种职业态度，指乐于从事教育职业。具体指教师乐于与学生分享知识、经验、智慧、情感，与学生共成长，共幸福。由此派生出以下 6 种“乐”：乐于教学；乐于育人；乐于和学生交往；乐于和同事进行业务合作；乐于和学生家长、相关的社会人员交往；乐于学习、反思和研究。

乐业作为一种职业体验，即从教育这种职业中获得人生的乐趣。梁启超在《敬业与乐业》一文中认为“敬业即是责任心，乐业即是趣味”。教师的职业趣味感使教师将教育职业当做生活的一部分，发自内心地享受教育过程和教育结果，其乐趣主要来源于：学生的发展；教育教学活动本身的乐趣；自身成长的喜悦。

这种积极的职业态度取向和情感体验作为一种道德情感，产生于对教师职业活动的内在兴趣、职业理想、对职业的理解。教师的职业兴趣是教师在从事教师职业的活动中所表现出来的特殊个性倾向，它使教师对教育职业具有向往的倾向，乐于去从事这种职业，在此基础上产生愉悦的情感体验。只有当我们把这份工作当成一种乐趣，由此人生变得丰富的时候，我们才可能成为真正的好教师。这种“好”，不仅仅是道德意义上的“好”，更是教师生命状态的充实与完善。

教师的职业理想是教师对自我职业生涯的整体规划与追求。这种职业理想使教师对自己的职业有明确的远景规划和奋斗目标，是教师前进的动力。教师在职业理想的驱动下，会使职业兴趣更加稳同，会对未能使其产生直接兴趣的教育活动产生间接的兴趣，从而抱着一种积极的心态从事教育工作，激发其创造潜能的发挥，使其生命状态更充实。

有这样一个案例：

“老师，我对你说个事儿。”刚走出教室，豆豆就把我叫住了。“什么事?”她扯扯我的衣角，示意我低下头，神秘地对着我的耳朵说：“老师，今天是我的生日。”“是吗? 祝你生日快乐!”看着豆豆可爱的模样，我把她抱了起来。“老师，妈妈说，生日许愿最灵了。”豆豆的脸紧贴着我的脸。“噢? 那你许下了什么愿望?”豆豆一本正经的样子把我逗笑了。

“我的愿望是做一名舞蹈演员，将来你们可以在电视上看到我。”豆豆边得意地说话边做了一个很美的舞蹈动作。

“老师，我也有理想。我长大要当一名军人，也像抗洪救灾的叔叔们那样，保卫祖国。”不知什么时候，身边已经围了一圈学生。

“老师，我长大要做一名医生，救好多好多病人。”

“老师，我的理想是当一名科学家，要发明许许多多的东西。”

听着学生们七嘴八舌地“炫耀”自己的理想。我放下豆豆问他们：“怎样才能实现你们的理想?”

“老师，我知道，现在就要好好学习。”豆豆抢着回答。

“要听老师的话，多学知识。”

……

听着这一句句话，我会心地笑了。

“老师，你的理想是什么?”不知谁小声地问了一句。

“对，老师，你的理想是什么?”学生们都仰起头，齐声问我。

我的理想是什么? 小时候，看到老师神气地站在讲台上，把知识传授给我们，真羡慕老师知识渊博。于是刻苦学习，考取了师范学校，实现了我的老师梦。想到这儿，我说：“我的理想是做一名老师呀。”

“那——”一个学生若有所思地说：“老师，你已经实现了自己的理想，那你现在不就是一个没理想的人吗?”

谁也不会想到，学生们会有这一问，我一时语塞了。是啊，我已经实现了自己的理想，难道自己现在真是一个没有理想的人吗? 上班后，为天真活泼的孩子们备课、上课、辅导，虽忙忙碌碌，却充实、快乐。可我从未想过这个问题，他们还在等着答案呢? 我灵机一动，神秘地说：“老师现在当然有理想，你们猜猜是什么? 明天告诉你们答案。”

夜深了，我毫无倦意，望着皎洁的月亮，想起了明天要回答学生的问题，不禁又一次陷入了沉思，细细体味着工作几年来的点点滴滴：为设计一个提问，多少次深夜还在冥思苦想；为让学生学会一个生词，不知查阅了多少资料；为给“差生”做工作，多少次家访……面对课堂上如林的小手，面对一双双求知的眼睛，面对“差生”的转变，我的心里满是喜悦与自豪。这不就是我的理想吗？我正是为了学生的理想而努力。想到这儿，我有一种如释重负的感觉。

明天，我将对他们说：“老师的理想就是帮助你们实现自己的理想！”

正是在职业兴趣和职业理想的引导下，教师才会以积极的心态投入教育工作，在教育活动中会自觉加深对教育的认识与理解，在认识与理解中把握教育活动对社会、他人和自身的意义，在对教育意义的把握与追寻中找到自身的生活价值和生命意义。随着这种认识与理解的不断加深，教师对自身生活价值和生命意义的把握也会随之不断加深。正是在这种“加深”中，教师的职业人生境界得以不断提升。

乐业不是一种规定，而是一种修养，一种扎根教师职业、用心从事教师职业、并且懂得创造、欣赏教师职业、感受教师职业欢乐的积极的生命状态。

教师的乐业，既有赖于合理的物质回报，和谐的社会环境，更取决于教师自身的努力。我们能否真正找到教师职业的内在乐趣，关键在于教师的内在素养。

1. 用心理解教育

梁启超在《敬业与乐业》一文中说：“凡职业皆是有趣味的，只要你肯继续做下去，趣味自然发生。为什么呢？因为凡一件职业，皆有许多层累、曲折，倘能身入其中，看它变化、进展的状态，最为亲切有味。”具体到教育，指教师应当用心去理解教育、感受教育，从中发现教育的趣味。

用心理解教育，除能使教师发现教育的亲切有味外，还能使教师在“觉解”状态下理解教育的意义，使自身生命的意义与教育活动的意义相互关涉，从而提升教师职业活动的质量和境界。

我们可以从以下三个层面理解教育。

一是从细微处着眼理解教育。具体体现在如何看待学生的每一个微小进步，如何理解教育教学中发生的具体教育现象和事件。在这种理解中，教师应当将教育活动本身当做一种鲜活的生活体验，经常进行内省和反思，例如通过撰写教育随笔、教育叙事，加深对教育活动的理解和感悟。

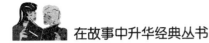

二是对教育作宏观的、整体的把握。具体指教师应当用教育哲学的思维来理解教育目的、教育价值、学生观、教师观、课程问题、教学问题……以此超越庸常的事务和具体的教育行为、教育事件，理解到超出具体行为和事件本身的更深远的意义。

三是用发展和联系的观点来理解教育。用发展的观点理解教育，是指应当及时关注和了解社会的发展动态，教育的发展动态，不断更新观念，调整对教育活动的理解。用联系的观点理解教育，是指即便是普通教师，也应从整个学校的办学理念、整个城市和国家的教育发展规划出发来思考教育，分析自身的教育行为。

曾在媒体上见过这样一篇文章：

举个例子，比如说如何看待学生？心理学怎么看待学生呢？学生就是一个心理的实体，不管是个体的也好群体的也好，他是一个心理的单位，他有他的心理活动，他有独特的心理个性，什么认知啊、情感啊、意识啊。社会学看学生呢，就是个角色，角色是由一系列义务、权利、职责所构成的，学生要尊重教师，学生要按时上课，这就是社会学问题，这是角色所承担的啊。经济学怎么看待学生呢？学生就是一个教育消费者，他是一个掏钱来上学的人，他是一个教育服务享用者。那法学怎么看待学生呢？学生是一个权利主体，学生有学习权啊、有受教育权啊、有人身权利啊、有《未成年人保护法》赋予的权利啊……哲学可能更从综合的、整体的这一方面来看待学生，学生是一个人，学生是一个完整的人，学生是一个有尊严的人。学生有些特征是超越心理活动、超越社会角色、超越法律的身份的，他是一个真正意义上的人。那作为一个人，你该怎么对待他？比如师生之间，作为角色，学生像个学生，老师像个老师；作为权利主体，各有各的权利；可是作为人，老师和学生之间是平等的。所以认为教育平等这样的命题如果不在哲学意义上谈，就不好理解。作为社会角色，教师和学生担负着不同的职责，不同的义务，当然是不平等的。但是他们在人格上是平等的。在人格上是指在哲学意义上，他们都作为人的存在，这是没有差别的。认识到这一点，我们就好理解师生平等了。教育哲学素养欠缺会产生问题教师、问题教育。

对教育的理解有三重境界：

用心理解教育，首要的在于“明事理”意义上的理解教育，获得对教育的知识性认识，这是理解教育的第一重境界。

用心理解教育，还在于超越对教育的知识性认识，获得对教育意义的把握，这是理解教育的第二重境界。所谓对教育意义的把握，是指不仅知晓和明了“教育是什么”（对教育的知识性把握），“怎样从事教育”（对教育的技能性把握），还懂得“为什么从事教育”，“教育对社会、他人、自身的意义与价值何在”。

理解教育的第三重境界，在于用心灵和情感去感受教育，获得对教育的扎根教师个人生命质地的情感认同。也即将对教育的知识性了解和意义把握内化到教师自身的情感体系和个性当中，成为主体自身价值、态度、信念的一部分，获得对教育的情感认同。惟其如此，教师的师德实践才能真正成为一种自觉自愿，成为一种幸福体验。也只有如此，教师个体在追寻教育的职业价值和意义时，才能将其与自身内在的生命价值相统一。

2. 用心从事教育

法国作家纪德说：“获得幸福的秘诀，并不在为了追求快乐而全力以赴，而是在全力以赴中寻出快乐。”既然选择了教育事业，就应全力以赴，以饱满的热情，强烈的责任感，用心从事教育，主动地去创造、提升教育实践的丰富性，在用心从事教育的过程中感受到教育实践的乐趣。

（1）乐于教学。

乐于教学指教师认真做好备、教、批、改、辅等常规教学工作，这种认真不是出于一种外在规范的驱动，即纯粹是为了完成任务和履行某种职责，尽管一丝不苟，也不是为了某种功利，更不是机械地投入，而是发自内心，在教学过程中饱含热情和志趣。只有这样，教师才可能在每个教育环节之中，都充满着对学生、对人的真实而鲜活的关怀与期待。

教师在备课过程中要用心投入，做到三精：精读教材，精选教法，精心研究学生。只有用心投入，教师才能将教材变成其内在素质，他所传授的知识才会充满生命和意义，才能点燃学生内心深处的热情和渴望，并唤醒他们对自然、人类、社会、人生和生活的热爱。

教师在上课时需要做到三境界：第一境界是“形动”，即千方百计吸引学生，让学生喜欢上你的课；第二境界是“心动”，即用自己的真情打动学生，刻意创设特定的课堂情感氛围；第三境界是“神动”，即把自己的领悟变成学生的思维和情感。

有位教师曾讲过这样一件事：

在张老师的眼里，语文教学绝对不能进行简单、枯燥的一问一答、一讲一听、一读一背，它必须是能调动教材中的趣味因素，设计出令学生耳目一新、学兴盎然的教学过程。《葡萄沟》是一篇说明文，课文语言简洁。张老师上课时拿出一盒新疆葡萄干，送给学生每人几粒，学生一边品尝，一边看课文。他们在品尝了葡萄干滋味后，一下子活跃起来了，从不同角度畅谈了“鲜甜”的原因，有的说新疆葡萄本来就又大又甜；有的说葡萄干蒸发了水分，甜味更浓了；有的说荫房吹干葡萄，太阳不直晒能保鲜……课文读懂了，课堂上不时发出爽朗的笑声，学生感受到学会之乐。

（2）乐于育人。

乐于育人指教师不仅是传授知识和发展技能，而且热心于引导学生做人和明事理，促进学生精神成人。乐于育人的教师不仅善于传授知识和发展技能，而且热心于抓住课堂内外的一切教育契机来丰富学生的精神世界，启迪学生为人处世的道理，增进他们人生的智慧。

当然，这种对学生的精神与人格的引导不是一种外在的刻意灌输，而是师生在教育过程中平等交往的结果，是教师教育智慧与教育真情的自然表达。

（3）乐于和学生交往。

学校不仅是知识的乐园，更是生命的乐园，是师生交往、共同生活的乐园。师生交往不仅是教育教学方面的交往，在教学以外的时间里，在生活上也需要教师扩大与学生的交往，而不是来去匆匆，上完课就对学生不闻不问。“只有在学生知道你关心他们时，他们才会关注到你的学问。”扩大师生交流，可以增进师生情感，有利于师生间的有效沟通，更好地了解学生，走进学生的内心世界，和他们成为真正的朋友，从而实现现代型的教学相长，教师与学生人格共同发展。

师生交往的途径非常广泛。下课时观察一下学生们在玩什么。我们可以抽个空和学生一起跳绳，打球，切磋球艺；可以和学生一起共进午餐；一起探讨漫画，某部小说，某部新上映的电影；甚至可以用 QQ 或 MSN 和学生一起在网上聊天。

（4）乐于和同事、家长进行交流合作。

从学生发展的角度出发，一个人的成长乃是多种影响相互协调的结果。乐于和同事、学生家长、相关的社会人员交往，不仅可以扩大教师的教育视野，增进教育合力，而且可以在互动沟通中增进对学生的了解，改善教育的效果。

（5）乐于学习、反思和研究。

苏霍姆林斯基在《给教师的建议》中说："把每一个学生都领进书籍世界，培养起对书的酷爱，使书籍成为智力生活的指路明灯，这些都取决于教师，取决于书籍在教师本人的精神生活中占有何种地位。"今天当教师，需要我们乐于学习、反思和研究。

教师在学习时，"要有'板凳甘坐十年冷'的精神，使自己的眼光超出'利益'之弹的射程，超出'匠'的局限，不断完善自己，提升人生品位；在为学生打造高考敲门砖的同时，为他们的终身学习与精神成长'打底'"。

教师的自我反思，是指教师在教育教学实践中，批判地考查自我的主体行为表现，通过回顾、诊断、自我监控等方式，或给予肯定、支持、强化，或给予否定、思索、修正，从而不断提高其教学效能的过程。

所谓十年树木，百年树人。育人是一个长效性的事业，它需要教师有足够的远见卓识。很多教师强调，要把快乐建立在孩子的进步之上。问题在于，孩子的进步绝不是一朝一夕的事情，你对孩子的帮助和影响，也许要等到几年或十几年之后才能看到效果。常常因为等待时间太长，我们痛苦焦虑，或因失去等待的耐心，而做出一些让人不快的事情。正因为如此，我们只有立足于一点一滴对学生生命世界的呵护，对教育事件的细微意义的关注，创造日常教育生活的价值与意义。

3. 用心享受教育

一个用心去从事教育的教师是甘于奉献的，但这仅仅是问题的一个方面。甘于奉献的教师，心中往往"只是为了学生而活着，他认为他自己无足轻重，只要学生幸福，宁肯做牛做马。但是使他百思不得其解的是，尽管他是无私的，他却并不幸福。"这样的教师还不算做真正乐业的教师。真正乐业的教师还应当心中装着自我，自觉享受教育过程和教育结果。

（1）享受学生成长带来的喜悦。

法国小说家雨果曾说：“生活中最大的幸福是坚信有人爱我们。”教师不仅可以拥有生活中最大的乐趣，而且还拥有其他职业不曾有的乐趣，那就是学生的爱。

有位美国教育家曾说过：

教学中有很多回报：当看到学生在我的指导下学习知识，看到年轻人变得成熟，享受着每一天的生活时就有一种成就感。但是最大的回报是学生用他们的语言和行动表达他们对教师的感谢。我记得我的一个学生告诉我，我的美术课使她的欧洲之行更加有意义、更加有趣。她为我买了一块柏林墙倒塌时的碎片。我曾两次被学校提名而被《美国教师名人录》收录。一次是1992年，一次是在1963年，我感到无比幸福。可见，这种例子不胜枚举，但我所收到的最大的回报是我在沃尔马特百货公司偶然遇到以前的一位学生时所得到的。三年前，他是我美术课上的一位学生，尽管他经常缺课，但当他来上课时极认真。那时，我不记得曾给过他过多的关注。我们站在沃尔马特百货公司的通道上，回忆他的往事，他告诉我他有稳定的工作，并要准备结婚。我作为一位母亲，给了他一些建议和鼓励，正要走开时，他的一席话留住了我。他说：我很高兴遇见你，我想告诉你，从我在学校时起，这许多年来是您一直在激励我前进。这是他的原话。如果我从事教学100年的话。这位学生的话是我所期望得到的最好回报。

（2）享受“教学生活”。

著名教师迟艳杰在《教学意味着“生活”》一文中指出，“教学不仅仅是学生获得美好生活的途径或手段，也不仅仅是教师谋生的手段，而且，它本身就是学生与教师的一种生活。”当教师在他努力开启学生的心灵和智慧时，也就是在追求自己有意义的人生。他在追求这样有意义的人生的过程中，体味到教学本身的乐趣。

“我们完全可以从教师职业生活过程中体会到人生的幸福和意义。同样是上课，如果教师是为上课而上课，教师的心就只是在机械地等待，等待学生的回答，等待结果与预设答案的契合。如果我们是以欣赏的姿态进入课堂，上课的同时也在享受上课，我们就能在课堂上尽可能地放松自己，和学生情情相融、心心相印，自然地敞开自己的生命，让生命中的每一个细胞、每一寸肌肤去感受、去触摸、去体认课堂，就可能会产生生命的高峰体验，甚至在课堂上率性而为，和学生一起欢笑、一起流泪、一起沉思、一起震撼……于是，我们就是课、课就是我们，我们和学生一起全然进入一种人课合一的境界。这种境界就是深深的职业幸福感。”

(3) 在“学习、反思与研究”中享受人生的乐趣。

教师的学习不仅是为了提高专业化水平，努力使自己保持良好的思维状态，而且，更重要的在于通过学习思考来拓展自己的精神世界，在应对现实的事务之中获得心灵的安顿，在与外界不断的精神联系中得以安身立命，使生命充盈，享受人生乐趣。

教师从事反思和研究也不仅仅是为了提高教育水平，研究本身即是一种乐趣。苏霍姆林斯基说：“如果你想让教师的劳动能够给教师带来乐趣，使天天上课不至于变成一种单调乏味的义务，那你就应当引导每一位教师走上从事研究这条幸福的道路上来。”研究可以使我们从生活的喧嚣和浮躁中解脱出来，获得心灵的宁静和充实。当我们把教育作为一项事业去追求，而不仅仅作为一种谋生的手段去看待时，我们才能真正领悟“学而不厌，诲人不倦”的境界与乐趣，才能真正体验到“得天下英才而教育之”的自豪感和幸福感。教育的乐趣与幸福一旦与教育者的神圣职责、要求结合起来，工作就不是负担，而是一种享受，是一种崇高的实践。

4. 学会享受日常生活

教师如何乐业？除做职业文章外，还应当在职业之外的生活上下工夫：学会享受生活。享受生活是一种积极的、感恩的心态，一种愉悦的精神状态。只有带着这种心态和精神状态走进学校，才可能发自内心地从事教育。

如何享受日常生活？首先应对美好事物保持敏锐，上班路上，下班途中，别忘了只是赶路，而把沿途的阳光和雨露给忽略了。其次要打开心窗：心窗一方面向家人、朋友、周围的人群敞开，另一方面向户外和大自然敞开：周末不妨到户外打打球，爬爬山，游游泳。再次要学会忙里偷闲，即便手头不闲，心情也要闲适。用鲁迅的话说就是：在战壕里不妨也歌唱，也饮酒，就不时地放它几枪。磨刀不误砍柴工，适当地放松一下，反而更有利于工作。最忌成天赶路，脚步匆匆，不敢稍停一下，生怕一旦懈怠便再也赶不上别人的步伐。

幸福不仅仅来自工作，更来自生活。家人、朋友、闲情、雅趣是幸福生活不可或缺的。当我们舍得用微薄的薪水去买些喜欢的书、买件心仪的衣服，或者和家人、朋友一起去聚会、泡吧、旅游一趟，开朗、豁达的生活态度、自觉高雅的生活情趣可以给我们增添许多快乐和幸福。不仅如此，这种幸福的感受会浸染我们的生命，增进我们对爱与人生的领悟，从而增进我们对教育、对学生的真情感悟，拓展我们心中的教育天地。

爱学生的教师更有威信

前苏联教育家苏霍姆林基说：“教师不仅要成为一个教育者，而且要成为学生的朋友，和他们一起去克服困难，一起去感受欢乐和忧愁。”师爱对学生来说是一种渴求、更是一种向往。爱学生，既是教师职业道德的核心，也是对教师的基本要求，爱学生愈深，教育学生的效果也愈好。因此，我觉得既要严格要求学生，又要用爱心去关注每一位学生，用爱心去划界学生中的困惑，用爱心去解决学生遇到的困难，成为学生的良师益友。所以，爱学生是教师建立威信不可缺少的前提。

那么，教师该怎样去爱学生，怎样真正触及学生的灵魂深处，在学生中树立威信呢?

1. 宽严要有度

严要有度，也就是说严格要求要有一定的分寸，要让学生们清楚我们要求他做什么，做到什么程度。要求太低，不能调动学生进步向上的积极性；要求过高过急，一味苛求，就会欲速则不达，反而会使学生不堪重负或产生逆反心理，使学生丧失信心，容易产生冲突和矛盾。

纵观我们的教学实践，有多少次教学冲突都是由检查学生的作业或练习未能及时完成所造成的，又有多少次是由于学生上课讲话所引起的。其实，我们自己是否这样问过自己，在学生的作业未能按时完成时，你的第一句是凶狠的责备还是温柔的关切，你是否知道他昨天晚上也熬了夜可是任务太重，你是否知道因为他做不出来题目而痛苦过、内疚过、焦虑过、自责过；我们自己是否这样问过自己，当学生上课讲话被你发觉后，你的第一句是暴风骤雨似的训斥还是代之以温馨的提醒，你是否知道他可能正是在讨论你所讲的内容和知识的发散呢?！你的雷厉风行，打击的可能是一个或更多个发散的思维和创新的头脑。

所以，光有严不行，还要有爱，严一定要以爱为前提，用爱作支撑。“人非草木，孰能无情”。我们天天所面对的学生都是思维活跃，情感丰富，朝气蓬勃且有时又过于冲动的青少年们，他们对于教师平时的辛勤劳动和爱的奉献，不会无动于衷，一定会作出种种相应的回应。我们教师尽管没有希冀能及时从学生那里得到什么爱的回报，但教师真挚的情感总会无时无刻、润物细无声的打动着、感染着学生，从而不由自主、不知不觉地产生着情感共鸣，矛盾自然难以产生。

当然，爱也应该有个度。如果不适当地、过分的偏爱或溺爱，其效果就不是爱而是害。这些学生思想认识还不成熟，情感具有波动性，意志力薄弱，自控力较差，即使懂得了一定道理有时也很难去自觉实施。

因此，面对我们的学生，既要有严，又要有爱，严爱有度，严是手段，爱是前提，只有懂得爱生的教师，才是最有威信的。

2. 要善待学生

善待学习困难的学生。十个指头都不会一般齐，何况是人呢？作为老师，一定要善待他们，真诚地向他们倾注情感，用真心、善意去打动他们、启发他们、诱导他们，逐步增强他们的信心、勇气，并耐心细致地培养他们，以便他们在学习上早日赶上其他同学。

我班有位学生叫周雨，毛病不少，且屡教不改，实在是伤脑筋。一段时间，他迷上了画宇宙大战。一下课便拿出他的练习本，画各种战机，画交战双方，画得不亦乐乎，画到兴奋处，还模仿各种武器的声音发出尖叫，战斗甚是激烈。本来这倒没什么，我也没有去阻止，问题是周雨迷恋画宇宙大战到了下课画，上课也偷偷画的地步。画宇宙大战占据了他全部的身心。检查他的抽屉，发现他抽屉里用以画宇宙大战的练习本有十几本之多，这已严重影响到他的学习。在这样的情况下，我没收他的练习本，下死令不管是下课还是上课，都不允许他再画。可这招不管用，他还是背着我偷偷摸摸画，时不时有打小报告的："周雨在画宇宙大战。"面对这样一个学生，我想不出解决的法子。不过，想想迷恋宇宙大战也不是个什么错呀，干吗非要制止他画呢？再说，在画宇宙大战中，了解各种武器，提高绘画技能，培养兴趣爱好，也是一举多得的好事。我转换思维，重新进行了处理。我再次找来周雨，肯定他的这一爱好。但是，不能因为迷恋它影响学习，你不需要再偷偷摸摸画，可以正大光明地画，前提是认真听好课，完成好作业，考试成绩优良。为了能正大光明地画他的宇宙大战，周雨学习倒是有了动力，学习进步了，宇宙大战也由地下转为公开，他对此很满足。有时，我还会饶有兴趣地看他画，不时讨教他画的是什么武器，有什么功能，孩子受到了鼓励，向我头头是道地道来，真令人小看不得。我不禁为保护了孩子的兴趣爱好而暗自庆幸。

了解孩子的兴趣特长，用一种意味深长的方式激励了孩子的情感因素，为培养他的特长找到一个解决的途径，让他在学习中进步，让他感到了宽容的温暖。我很满意在周雨画宇宙大战问题上的处理。总结成功的经验，我认为对于犯错的学生，要善于发现和保护其积极性，妥善引导，让其闪光点得到发扬的机会，促其朝着自己的兴趣方向良性发展。

一个有威信的教师，一定是一个胸怀宽广的人。宽容本身就是教育。人非圣贤，孰能无过？学生是人，而且是未成年人，不是圣人。在成长过程中有待于我们教师去培养造就，难免会有失误、会犯错误，作为老师一定要善待学生的失误、要善待犯错误的学生，给他们改正的机会。魏书生老师说过：“学生不管多么难教育，毕竟是青少年，其内心深处一定有一个广阔的世界，而世界必然是假恶丑与真善美并存的。教育学生时，要力争不站在学生的对面，让学生怎样，不让学生怎样。而要力争站在学生的心里，站在其真善美那部分思想的角度提出：我们需要怎样，我们怎样做才能更好。这样，学生会感到你不是在训斥他，而是在帮助他。”在成长的过程中，学生难免有失误，难免会犯错误，关键是学生犯了错误以后，老师要站在学生的角度帮助学生认识到错误的危害，并和学生一起分析，怎样做才能少犯错误，甚至不犯错误。

我班的李扬是全校闻名的问题学生，自控能力特别差，这样那样的错误每天犯得都不少。批评训斥是家常便饭，但是效果却不佳，该犯的错误照犯不误。我试着改变教育方法。别人去专业教室上课，课桌、凳子都能按要求摆放，轮到他，凳子没塞进去，课桌上书本一大堆，刚想发作，一看是李扬的，我便提醒自己，心平气和一点，别在这些小事上抓住李扬的错误不放，只要不是原则性错误。我一边提醒自己学会容忍，一边将李扬的桌凳收拾好。下课了，李扬回到教室，我提醒他道：“李扬，你离开教室时收拾课桌了吗？”“哦，我又忘了。”没有听到训斥，李扬反而不好意思起来。类似这样的错误，像餐厅里不擦桌子，早锻炼不戴红领巾，上体育课不排队，宿舍里不搞个人卫生……对同学们这样那样的汇报，我不再“理会”，采取冷处理的方法。一段时间下来，教室里少了对李扬的训斥声，学生打李扬小报告的自然也少了。李扬不再成为“众矢之的”，同学们也不再盯着他打小报告了。班级环境布置时，李扬从家里带来了盆景美化教室，成为班级里少数几个带盆景装饰教室的学生之一。抓住这一教育的契机，我小题大做，特别表扬了李扬，给李扬戴上“关心集体、热爱集体”的高帽，并号召全班同学向李扬学习。听惯了批评、训斥，这会成了学习榜样，李扬反倒不自在起来。不过，掩饰不住的喜悦告诉我，李扬很在乎老师的表扬，这是个没有丧失进取心的孩子。我与任课老师也进行了沟通，对李扬这样那样的错误，能容忍则容忍，要让孩子看到希望，特殊学生特殊对待，对别的孩子的要求，在他身上要适度降低。对李扬要多一份爱护与宽容，共同营造一个利于他成长的教育场，对他的改变要有耐心，信心，要善于看到他身上哪怕是一丁点儿的进步。罗森塔尔效应说过：爱护、信任、期待能激发学生的智慧和潜力，使学生在一种积极的意念支配下进步、向上。正是应了这句话，李扬感受到了自己在班级里地位的微妙变化，同学也不再排斥他，他感受到了来自老师的那份信任与期待，在一种积极意念下，李扬开始在意自己的表现了，渴望能得到老师同学的认可了。他开始主动为老师跑腿了，变得喜欢表现自我起来。他会拿着自己认真做的作业，对老师说：“老师，我今天的作业写得好的吧！”“老师，我今天洗澡了。”“老师，今天体育课上我受表扬了。”“老师，这是我画的画。”看着他的点滴进步，我感受到宽容产生的教育效果，在他身上初见成效。

由此，我感受到，作为教育工作者，要讲究教育的艺术。教育工作者面对学生所犯错误，应该沉着冷静，不能用僵化的眼光看待犯错的学生。要尊重犯错的学生的人格，要严中有爱，要平等地对待他们，要理解、宽容他们，要培养他们的自信，调动其内心改正错误的主动性，这样的教育才会真正的成功。

“赠人玫瑰，手有余香”。你努力使别人快乐，也能使你自己快乐。教育教学的整个奥秘就在于热爱学生。“谁爱孩子，孩子就爱谁，只有爱孩子的人才能教育孩子。”教师如果能尊重学生的人格，理解其追求，欣赏其亮点，激励其进步，信任其言行，能让学生有如沐春风的感受，那教师就有了威信。教师要时时处处站在学生立场上考虑问题，真正做到“一切为了学生，为了学生的一切”。真心实意地爱学生，真才实学地教育学生，真知灼见地感动学生，让师生关系达到一种和谐融洽的最高境界。

教师爱学生、尊重学生、宽容学生，启迪学生思想的改变，营造良好的师生关系，从而使自己的威信得以提升。

宽容是通往威信殿堂的必经途径

有威信的教师一定是胸怀宽容之心的人。

宽容本身就是教育。苏霍姆林斯基说："一般来说，我谅解犯错误、做蠢事的孩子。这种谅解能触动孩子自尊心的最为敏感的一角，使孩子心灵中产生一种促使他纠正错误的、积极向上的意志力。孩子不仅深深悔恨过去所犯的错误，而且以积极的行动将功补过……常有这种情况：比起那种情况下可能采取的惩罚行动来，谅解所产生的道德感召力要强烈得多。"宽容要求教师坚信每一个孩子的本性都是好的，每一个正常孩子都具有完成基础教育所要求的基本学习能力，孩子的问题不过是镜子上沾染的灰尘，拭去了灰尘，镜子依然光彩照人。宽容要求教师接纳孩子的弱点，视学生犯错误为必然，正如美国一位教师在教室的黑板上方张贴的一句话："教室：出错的地方"。教师要坚信，孩子的许多错误常常是大人从自己的角度认定的，而就孩子本身来说，都有其内在逻辑和合理性。宽容，要求教师尊重孩子的天性，遵循孩子的天性施教，搞人性化教育。有些教师连孩子的天性都不能容忍，上课要学生坐得纹丝不动，课间休息也不许孩子跑动（这可能有安全方面的考虑），孩子忍受不了就说这些孩子有"多动症"，要家长带他们去看心理门诊。

俗话说"仁者无敌"，其实质就是宽恕包容。宽容是一种智慧、一种美德、一种修养、一种高尚品质，又是一种教育方式。作为一名教师尤其是班主任，能以宽恕包容之心对待学生，不仅维护了学生的自尊心，给了学生反思自己行为的时间和悔改的余地，而且能表现出教师的宽大胸怀和巨大智慧，也必然会赢得学生的信任和拥戴。

在日常工作中，宽容表现为"三不"，即"不责学生之小过，不揭学生之隐私，不念学生之旧错"。当然宽容不是放任自流，而是一种教育手段。宽容的核心，应是以加强学生的自我约束、自我管理为原则，从而达到自我教育、自我发展之目的。学生偶有违纪、犯错误是不可避免的事情，如果学生一旦犯错误，教师就一味地训斥、责怪，不但不能解决问题，反而会使学生对老师充满怨恨，甚至明目张胆地与老师作对。这样不仅教育的目的难以达到，反而还容易使学生从老师身上学会了责怪，对学生德行的养成也极为不利。

宽容应以理解、尊重和信任学生为基础。教师宽容学生的过错，实际上是把一种信任、一种责任交给学生，而学生得到信任和责任，也会尽最大的努力去改正自己的过错，从而不断也提高自身的修养。所以只要敞开宽容的胸怀，宽容的魅力就会显现，教师也就无须费多大的口舌和周折，只以人格的力量就可以达到教育的目的。如：

女学生杨某，高一时迟到旷课是常事，调皮捣蛋全校有名，老师拿她简直是没办法。高二时分到我班，因为我早已闻其“大名”，所以开学之初我就找她谈话，了解了一下她的思想和家庭情况，并约定：“第一，我俩之间建立思想交流通讯簿，定期交流思想，要真诚、实事求是；第二，我对你的每一种错误原谅3次，如出现第4次则写出3000字的说明书；第三，我决不揭你过去之短，并决不当众批评你。”她听后惊讶地说：“老师，真的吗？不过这好像不仅是对我的，还是对你的吧？”我说：“对呀，是咱俩要共同遵守的。”此后，通讯簿就成了我与她之间交流思想的最好工具，也成了我帮助她改正错误的最好阵地。我的提醒、暗示、建议，她都十分注意，同一错误包括迟到旷课也从没出现过第3次。半年后，该生从思想到日常行为都有了根本的转变。她曾对其母亲说：“以前的老师只知道责怪、批评。现在我们老师如此宽容大度，所以每当我犯错误时，我都感到对他有深深的愧疚。我一定要好好遵守纪律、努力学习，否则我真是对不起他！”

宽容是一种信任。一天，一个学生家长向老师汇报说他的孩子新买的球拍被偷了，要求老师在班级里好好查一查，把小偷揪出来，好好教育教育。老师听了并没有立即展开调查，而是请同学们讨论该如何找这副球拍，结果有个孩子说应该把全班同学的书包、抽屉都搜一遍，对此，同学们有赞成的、有反对的，此时老师及时引导，让同学们开个辩论会，结果通过辩论，师生一致认为还是不搜的好，说那个拿了球拍的同学一定是另有苦衷，他看同学们今天这么诚心诚意地帮他，一定很感动，一定会把球拍还回来的。果然第二天球拍真的回来了。老师和同学的信任与宽容保护了那个拿球拍孩子的自尊心，也拯救了孩子的心灵。如果老师大张旗鼓地在班级展开轰轰烈烈的调查，并且让那个孩子公开亮相的话，那后果一定是不堪设想。

宽容是一种激励。曾看过这样一个感人的故事：

一次单元测验后，老师对同学们说：“这次测验，你们知道谁进步最大吗？告诉你们，是小雨同学！他考了60分啊！”顿时，班里响起了热烈的掌声。60分对别的孩子来说可能是一件耻辱的事，但对平时“臭名远扬”的小雨来说，是一件破天荒的大事。一时间，所有的目光都半信半疑地集中到小雨的身上。此时小雨压抑不住内心的喜悦和激动，有一些隐秘的喜悦流露出来。可是当试卷发下去后，一件意想不到的事发生了：一个同学检举说小雨的分数算错了。其实他只有55分。此时全班同学悄无声息，小雨也出奇地平静，显出了常有的那种波澜不惊、“视死如归”的模样。此时老师已有了主意，只见她清了清嗓子，大声说：“老师确实是粗心大意，多算给小雨5分，但是今天我不想收回这5分，我愿意借给他5分，因为我相信，凭他最近的表现，他有一天会加倍偿还这5分的！”就是这5分使小雨像变了个人似的，各方面都有了明显的进步。后来他在给老师的信中说：“敬爱的老师，谢谢你曾经借给我5分，也许您早已把那微不足道的5分忘了，但它对我来说却是刻骨铭心、十分珍贵、终身难忘的。”

这个《借给他5分》的故事足以说明宽容会化作一种力量，激励人自省、自律、自强。

宽容是一种仁慈。有一个一年级学生学拼音时翘舌音总是发不准，老师没有批评呵斥，而是送给孩子一粒草莓糖，并且说只要吃了这粒草莓糖，再照着老师教的发音方法练练，就会读准翘舌音了。可以想象孩子是多么的快乐、骄傲，多么的深信不疑。一粒寻常的草莓糖消除了孩子的焦虑、恐惧心理，帮助孩子树立了学好拼音的信心。我们应该从这粒草莓糖得到启示：赠给学生“温情草莓糖”，让学生品尝“温情草莓糖”新鲜而甜美的滋味，可以激励他们不断进步，超越自我。这就是宽容的魅力，它似一缕仁慈的阳光，照亮了孩子的心灵。

宽容并不是毫无原则地一味退让、忍耐，宽容的前提是对那些可以宽容的人和事。宽容的内心是爱。宽容不是去对付，而是以心对心去滋润学生的心田，去包容学生的过失，去化解学生的不良情绪。教师以宽容之心对待学生，也会把这种智慧和美德潜移默化到学生身上。学生就能学会去宽恕包容别人，就会明白“退一步海阔天空”的道理，就会懂得宽容原来是消除怨恨、责怪和愤怒的良药，就能正确地对待和处理同学之间的矛盾、融洽同学关系，更重要的是使学生学会了一种立足社会的基本能力。

宽容是一种爱，是一种重要教育方式，其魅力就在于：它可以使人的思想改变，让人的灵魂得以重生，也能让教师的威信得以提升。

维护威信不能“高高在上”，要蹲下身来

师生之间应当是一种民主平等的关系，是双方在人格平等基础上的合作关系。但一直以来，老师习惯以站着的姿势与学生交谈，俯下头去看学生，势必让学生昂起头来看老师，这样师生之间自然就产生了形同于孩子与父母之间的代沟。有了这样的距离，教师就会觉得读不懂学生，学生也往往不能理解教师。所以很多时候，老师会感到学生的所作所为与他们的想象格格不入，于是就埋怨、责怪学生。

其实，距离的产生是因为我们站得太高，离学生太远。“老师要蹲下身来看学生”，蹲下来，你和学生一般高，就容易走近学生，理解学生，与学生融为一体。让自己站在学生的角度去读学生，也许这样才能更好地维护自己的威信。

我们先来看下面这个案例：

课前，贾老师把课文《惊弓之鸟》中的一段话工工整整地抄在了黑板上。课正上着，坐在第一排的一个男孩把手举得高高的，原来他的注意力跑到了贾老师的板书上，“老师，你写的‘它’错了，下面的一撇出头了。”贾老师一看，果真这样，就表扬这个孩子“真细心”，然后把所有的“它”都改了过来。

课继续进行，岂知这个孩子被表扬后，更来劲地给贾老师“挑刺”。当孩子第四次“挑刺”时，下面的听课老师都觉得这孩子“鸡蛋里挑骨头”，太过分了，手写体哪能跟课本上的楷体一模一样啊！你一次次打断老师上课，怎么就不懂得尊敬老师啊！众怒难平之际，贾老师却不愠不怒，继续谦虚地接受了意见，末了还善意地提醒男孩应该认真听课。

后来，在进行说话训练时，前几个学生说得都一般。这时，那个挑刺的男孩又举起了手，大家的心又悬了起来。贾老师“不怕出丑”，还是请他起来，结果孩子要求“我来说”，他说的还真比其他人好。贾老师大大地表扬一番后，也童心未泯跟孩子较起了劲：“现在好了，我也可以给你挑刺了，你说

错了一个字……”说得这孩子心服口服，连连点头。下面的老师笑了，都没料到关键时候，还是这男孩“出彩”了一把。

孩子四次挑刺，全出于好奇和认真。教师如不“蹲下身来”，肯定看不到这一点，很可能认为这孩子是故意冒犯自己，不给教师面子，即使宽容了第一次，也难以容忍第三次、第四次。贾老师能“蹲下身来”，能“忍常人之难忍”，将“挑刺风波”演绎成课堂的一大亮点，最后赢得的不仅是这孩子对自己的尊重，更主要的是使所有的孩子（包括这男孩）都懂得了什么是平等，知道了如何不“唯师”，如何与老师一起创造快乐的课堂生活。

老师闻道在先、阅历丰富，学生年纪小、阅历浅、思想简单，但是大家是平等的。教师要用心倾听学生的谈话、见解，而不能摆出惟我独尊的模样。教师要蹲下来倾听学生的心声，蹲下来与学生交谈，学生才能无所顾忌，真正向老师敞开心扉；要蹲下来看学生，和学生一起看世界。只有蹲下来才能和孩子处在一种平等的地位，才会给孩子一种信任感。当然，无论是让学生坐下来，还是老师蹲下来，都只是形式而已，重要的是老师要有一种平等意识。教师如何蹲下身来看学生呢?

1. 转变角色，关注每一位学生

长期以来，受师道尊严思想的影响，加上片面追求升学率，使教师形成了自己是绝对权威的思想意识和行为表现，教学过程中排斥学生的主动参与，更不能面对全体学生，师生关系是一种主动传授与被动接受的关系，很难形成共生、合作、互动的关系，致使学生学无兴趣、厌学逃学，中小学生中心理不健康甚至严重失衡事件频繁发生。新课程强调建立新型的师生关系，师生双方相互交流、相互沟通、相互理解、相互补充，在这个过程中师生分享彼此的见解和知识，交流彼此的情感，完全是一种平等关系，学校生活成为发展学生心智、健康成长的乐园。教师不能再把学生当作盛知识的“容器”，他们是主动的建构者、积极的参与者。倡导把课堂还给学生，教师就要参与到学生中去，学生要参与到教学中来，教师应该对自己的角色重新定位，教师是学生学习的合作伙伴。同时也要看到学生的差异，关注每一位学生的成长，不让一个学生掉队，把爱洒向全体学生的心灵。

2. 蹲下身来，以宽容的心对待学生

教师，是一个崇高的职业、光荣的称号。教师的工作平凡、艰苦、繁忙，责任重大。热爱学生是教师的天职，要做一名好教师，首先要有献身教育的精神。国际21世纪教育委员会的报告《教育——财富蕴藏其中》中指出：“人们要求教师既要有技能，又要有职业精神和献身精神。”这种职业精神和献身精神的表现就是教师有一颗爱学生的心，有一颗宽容的心，这也是许多优秀教师的经验与法宝。假如没有一颗爱心和宽容的心，就不会有霍懋征、斯霞等老师把所有学生，其中不乏我们所说的“差生”教育成材，就不会有斯霞老师70多岁时和孩子玩“老鹰捉小鸡”，帮孩子们甩长绳。假如没有一颗爱心和宽容的心，就不会有重庆开县这个团结战斗的集体，在发生井喷毒气泄露转移学生中不顾个人与家庭，“不让一个孩子掉队”，全部将他们转移到了安全地带……这些无不折射出教师的崇高与伟大。蹲下身来，你会发现许多意想不到的现象。知心姐姐在《写给年轻妈妈》一书中曾经谈到台湾儿童电视节目主持人讲的一件十分有意思的事情：他的三岁女儿跟他很要好，可他发现，女儿最不爱逛商店，每次都哭闹着不愿进去。爸爸百思不得其解，商店比家里好玩多了，小孩子为什么不爱去呢？一个偶然的机会令他发现了其中的奥秘。一天，他领着孩子在商店熙熙攘攘的人群中挤来挤去，女儿的鞋带开了，他蹲下来给孩子系鞋带时忽然发现，出现在自己眼前的不是琳琅满目的商品，而是森林般的大腿和来回摆动的大手，一个见棱见角的大提包，不时碰到孩子的小脸和身体……他明白了。这个事情告诫我们要蹲下身来，和孩子平视，以孩子的眼光去发现问题，了解他们的思想，抛弃自己的偏见，这样你才能走进孩子的心灵世界，才能看懂孩子。

3. 尊重学生，营造一个生活化的课堂

前面案例中老师对待学生的课堂插言，没有丝毫不快，却巧妙加以引导点拨为我所用，自然产生威信。教学过程本身就是师生交往、共同发展的过程，教师要关注每一个孩子，关注每一个孩子的知识、方法、情感、态度、价值观，在交流中放下架子，营造一个生活化的课堂。教师首先要会倾听，对学生诉说的事情感兴趣，淡化教师、教育者的角色，以平常心、孩子的心去加以引导。一个孩子就是一个世界，倾听是一种理解，在交流中倾听，在倾听中沟通，实现共创共生。教师要善于用自己的知识与经验为学生解决学习、生活等方面的困难，要利用机会表达或流露出对学生的期待。

《南方周末》2002年1月刊登“特级教师”一文：学校好不容易才邀请

来的省级特级教师将要在这所乡村小学讲一节公开课。特级教师说，上课时她将随便走进一间教室，谁也没想到她进了一个全校闻名的后进班。这间教室的讲台上散放着横七竖八的粉笔，桌面上落满一层白乎乎的粉笔灰。特级教师用目光巡视一周后，迅速收拾好桌上零散的粉笔，然后走下讲台，转过身去，面对着黑板，轻轻吹去了桌上的粉笔灰。片刻的鸦雀无声之后，教室里响起了一片掌声，所有的教师、学生用掌声给她的开场白打了最高分。讲课的途中她出了几道题让学生做，然后她又讲解了这几道题的做法，讲完之后，她说了一句："请做对的同学扬一扬眉毛，暂时没做对的同学笑一笑。"

看似平淡的动作与要求，反射出了教师对学生的热爱与尊重，进而带来的是教师的威信和学生老师的热爱与尊重，师生关系会达到水乳交融的地步。要达到这一境界，靠的是教师崇高的师德、优良的素质、丰富的经验。这是教师的人格魅力。

一定要懂得自我克制

我们先看下面这个案例：

王磊是班级的数学课代表，数学成绩在全年级也是数一数二的，可是他在奥数竞赛的学校预赛中却落选了，因此感到十分沮丧。家长、数学老师、许多同学都安慰他，为他总结失败的教训，但王磊心烦意乱，根本听不进这些劝慰的话。面对失败，他对自己没了信心。有一天自学课上，他走进了班主任李老师的办公室，李老师把对王磊满腹的责备和埋怨，通过自我克制压缩成了一丝微笑和一句话："你是出于对我的信任才来找我的，是吗？谢谢你的信任！另外，我想告诉你的是，我多么希望看到以前那个自信和笑容满面的王磊啊！"一向火气很大的李老师的这一句话，让王磊感到意外，也十分感动……一年后，王磊获得了省奥数竞赛一等奖。

心理学上有一种理论叫"对比效应"，例如把鲜艳与模糊的颜色并列，鲜艳的颜色更鲜艳，模糊的颜色更模糊。这一理论对教师在工作中如何表达自我情绪是很有启示的，例如：一向火气较大、出口厉言的班主任偶尔讲出几句柔和体贴的话，会令学生难忘；相反，向来宽厚的班主任，有一天突然大发雷霆，当然也会令学生大吃一惊。

亚里士多德说过："任何人都可能发火，这不难，但要做到为正当的目的，以适宜的方式，对适当的对象，适时适度地发火，这可不易。"不可否认，教师为了正当的目的，以适宜的方式，对适当的对象，适时适度地发火，是不可避免的，也是无可厚非的。但一般情况下，教师、尤其是火气大的班主任要懂得、学会并能够自我克制。因为，这既是提高自身修养的体现，也是提升自身威信的手段。

事实上，在许多教育情景中，尤其是学生的情绪处在不平静的情况下，无须大发雷霆，只要"点到为止"就能达到目的。睿智的教师善解人意，他的语言像水一般温润，让学生在温和的话语中发现自己的问题，使学习和生活中许多可能伤害人的东西变得温暖妥帖起来；自制的教师善于移情（体验别人的情绪体验)，他的话语像春风一样拂面，让学生觉得没有理由不接受，使学习和生活中受到伤害的心变得平静温暖起来，真可谓“良言一句三冬暖”。与此相反，诸如“叫你做的事情，一件也做不好”、“谁还相信你啊，谁还能相信你啊”，等等，则会使学生感到寒心，甚至丧失信心，可谓“恶语伤人六月寒”。

心理学中的情感智商（EQ）理论指出，智商（IQ）至多只能解释成功因素的20%，其余80%则归于其他因素，而这些“其他因素”中的关键因素就是情感智商——自我激励、百折不挠；控制冲动、延迟享受；调适情绪、不让焦虑干扰理性思维；善解人意、充满希望。由此可见，懂得、学会并能够自我克制，既是情感智商的重要内容，也是教师自我修炼，掌握、提高教师工作艺术的重要方面。

那么，教师应该怎样懂得、学会并能够自我克制呢?

1. 教师要懂得自我克制，培养高尚情感

教师的情感和情绪品质在班级管理和教育活动中具有重要意义，它影响到学生对教师威信的认可度及对班集体的向心度。因此，教师要懂得自我克制，不仅要培养高尚的情感，还要抑制消极情绪，避免情感带有偏向。

（1）养成高尚的情感。

所谓高尚的情感，即情感的价值取向是倾向社会的，而不是倾向自我的。高尚的情感集中体现为对教育事业、对学生的爱，也体现在教师的自尊心、责任心和荣誉感等方面。对教师而言，高尚的情感是从事教育事业的感情力量，是支配师德行为的强大内驱力。教师的教育实践也证明，班主任高尚的情感可以感染学生，使学生也产生一种积极的情感，从而激发学生学习的动机和兴趣，使学生自觉强化学习和道德行为，养成良好的学习与行为习惯。从这个角度说，养成高尚的情感是教育工作者职业的需要。

（2）克服消极的情绪。

保持良好的心境，不带消极的情绪进班级，这首先是由班主任工作的特殊性决定的。由于社会竞争激烈，班主任被社会及家长寄予厚望，感受到极大的工作压力和内心角色冲突。因而容易产生苦恼、烦躁、焦虑等消极情绪。如果班主任不能及时克服、消除这些不良情绪，就难免会做出一些失范的行为，诸如无故发火，对学生进行讽刺或刻薄的批评，从而造成师生情感隔阂甚至对立等严重后果。班主任只有精神饱满、心情愉快、豁达开朗，才能胜任教育工作。尤其是豁达开朗的心胸能将班主任暗含的期待信息微妙地传递给学生，使学生受到感染，得到鼓励。

（3）避免情感的偏向。

班主任的情感偏向，通常表现为对优等生的偏爱和对学业成绩不良学生的偏见。一般来说，优等生和学业成绩不良学生在学习与行为上的表现确实容易使人产生偏向，但如果班主任将这种好恶情感有意或无意地流露出来，那肯定会影响班集体的氛围以及师生关系。对优等生偏爱，一方面可能会产生“罗森塔尔效应”或“皮格马利翁效应”，使之更加努力；但另一方面也可能使其出现意志力弱化、自我评价失当、自我表现欲膨胀、与同学关系疏远等问题。与此同时，班主任对少数优等生的偏爱可能会破坏其他学生的心理平衡，使他们产生不公平感，从而影响到他们的听课情绪和听课效果。至于对学业成绩不良学生的偏见，后果更严重，不仅会影响这些被视作后进生的学生的学习情绪，挫伤他们的学习积极性，影响他们学习的成效，还会刺伤他们的自尊心，影响他们人格的发展及完善，甚至有可能影响他们的一生。

2. 班主任应该学会并能够自我克制

（1）了解自我，自我觉知。

有一个古老的日本传说：一个好斗成性的武士与禅师辩驳天堂与地狱之意，老禅师不屑一顾，说：“你不过一小丑罢了，不值我费心与尔论道。”武士恼羞成怒，拔剑而起：“你竟敢如此无礼，看我一剑刺死你。”禅师缓缓道来：“此乃地狱也。”禅师的话如醍醐灌顶，武士惊而顿悟，纳剑入鞘，躬身合十，拜谢点化。禅师再道：“此乃天堂。”这则故事生动地道出了陷入某种情绪之中以及开始醒悟自己被此情绪俘虏之间的关键区别。苏格拉底的名言“认识你自己”说出了情感智商的核心：当自己的情绪发生之时即能觉知。

（2）管理自我，克制自我。

管理自我、克制自我的情感技能有：自我警觉，确认、表达、管理与克制自我情绪，控制冲动，延迟满足，调节紧张与焦虑。班主任自我克制能力的关键在于把握情绪感受和行动的分寸，学会在行动之前先控制冲动以做出更恰当的情绪决策，并确认所选的方案，考虑可能产生的后果。同时要善于破译学生情绪的信号，善于倾听，能够抵制消极影响，善于从学生的角度考虑问题，善于体验学生的情绪体验，理解特定情景要求的特定行为。

(3) 训练自我，提高自我。

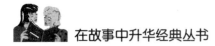

在生动的教育实践中，进行自我训练是班主任学会并实现自我克制的根本途径。以下内容是对班主任自我克制能力进行系统自我训练的有效“课程”。

自我意识。观察自己，认识自己的情绪，积累情绪词汇，了解思维、情绪及行动间的关系。

个人决策。检查行动、了解、预测自己对学生所表达的言语和行动的结果，思考自己的做法是理智决策还是冲动行事，进而抵制不适当的刺激或情景的诱惑。

控制调节情绪。思考自我内心对话，看看有无自我压抑的消极想法；寻找情绪产生的原因（如生气、发火可能是情感受到伤害而起）；找出减少恐惧、焦虑及悲伤的方法。我们无法改变风向，但我们可以调整风帆；我们无法左右事情的发生，但至少可以调节我们的心情！

减轻压力。学习运动、想象、放松以及转移、升华等方法。

移情。“感人之所感”，并同时能“知人之所感”。既能分享学生的情感，对他们的处境感同身受，又能客观理解、分析学生的情感。

交流。学习并学会与学生沟通感情，既善于倾听又善于提问；能区分学生言行与自己对其言行的反应或判断之间的差异；能清楚、有效地表达自己的意见而不是指责学生。

自我表露。了解坦诚和建立亲密师生关系的重要意义；知道吐露自己想法和情感的最好时机。

领悟力。学习辨认自己情感及情感反应的模式；学习识别学生同样的反应模式。

自我接受。培养自豪感，正面评价自己；知道自己的长处和短处；培养自我解嘲的能力。

责任心。敢于承认自己的错误和失误，敢于承担责任；能认识到自己的决定和行动将会产生的后果，接受自己的情绪和心态，做事有贯穿始终的毅力。

自信心。学习不卑不亢地表达自己对学生的关心和情感。

集体观念。学习怎样与他人（其他任课教师、家长等）合作，知道何时担起班主任的领导责任及怎样引导他人、领导学生，并懂得服从领导。

解决冲突能力。学习与同学、家长及领导进行合理的争论，学习如何达到“双方都赢”的谈判妥协技巧。

为人师，也为人表

有威信的教师一定是为人师表的教师。

什么是为人师表？从形式上说，为人师表是教师职业德性内涵的直接表达；从内容上说，为人师表是真善美的体现；从个性来说，为人师表表现为教师良好的个性修养。

1. 为人师表是教师职业德性内涵的直接表达

教师作为一项以促进学生精神成人为中心的职业，德性品格的交流与融合是教师职业的基本特征。我们完全可以这样说，教育实践本身就是一种德性的实践，离开了教师的德性基础，教育行为就成了物化的、机械的知识技能的授受行为，就失去了内在的灵魂。教师职业乃是通过自己的内在品格和修养来影响和熏陶受教育者，以美德启迪美德，以正义培育正义，促进受教育者的精神成人。正是教师德性的引导与人格的昭示，直接成为教育的基础，成为引领学生精神成人的起点与内在依据。因此，为人师表是教师职业德性的直接表达，是对教师最基本的道德要求。

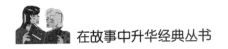

很少有像教师这样的职业，可以通过自己的人格和品行来影响和引导自己的劳动对象，而且影响这样深远。从这个意义上说，为人师表是教师职业的尊严与荣耀所在。同时，教师的为人师表能为学生的成长和发展提供精神的引导和帮助，看着学生一天天进步，一天天成人，教师就会为自己的付出而自豪，为自己的期待和收获而高兴，这也是教师职业的幸福所在。我们在幸福的教育教学生活中发现：为人师表不是对教师职业的外在规定和束缚，而是我们职业生活的幸福和尊严之所系。

当然，为人师表作为教师职业德性的基本内涵，对教师来说也是一种严格的自律。示范，就是做出榜样，就是哲学家迪福所说的城楼上的“大钟”。迪福认为，如果一个人自己的表不准，它所骗的只是你一个人；如果主楼上的大钟不准，那它就会骗了全城的市民。教师就是这个“大钟”，就是走时准确、不会骗人的“大钟”。教师如果能以自己的优秀言行品质为学生作出榜样，进行示范，那么这种作用虽然是无形的、潜移默化的，但它却是深沉得多、有力得多、持久得多，有时甚至会改变一个人的整体性格，影响到人的一生。德国著名教育家第斯多惠也指出："教师本人是学校里最重要的师表，最直观的最有效的模范，是学生最活生生的榜样。"所以加里宁要求教师"必须好好地检点自己，他应该感觉到，他的一举一动都处于最严格的监督之下，世界上任何人也没受着这样的严格的监督"。

为人师表乃是教师职业最基本的道德要求。不论是孔子讲的"不能正其身，如正人何"，还是陶行知说的"捧着一颗心来，不带半根草去"，都入木三分地阐释了为人师表的要义。人们把教师誉为不辞劳苦、辛勤耕耘的园丁，不仅是对他们教书育人丰硕成果的赞许，更是对他们为人师表的充分肯定。

2. 为人师表蕴涵着真善美

中国现代漫画大师、教育家丰子恺先生曾经说过：圆满的人格就像一只鼎，真、善、美好比鼎的三足。为人师表作为一种教师职业德性的基本内涵，蕴涵着丰富而深刻的道德内容，最突出的就是体现了教师对真善美理想人格的追求。

（1）为人师表蕴涵着真。

"真"，就是诚实守信，公平正直，言行一致，表里如一。陶行知先生说："千教万教教人求真，千学万学学做真人。"作为教师，最基本的德性就是自己要求"真"，从而激励学生求"真"和学做真人。

①诚实守信，公平正直。鲁迅曾提出，伟大人格的素质最重要的是个"诚"字。加里宁也特别强调诚实在为人师表中的作用，他认为"无尚诚实"是肩负重任的教师必须具备的基本条件之一。自己并不具有的东西，也就无法给予别人。教师的一举一动对学生而言都是一本无字的教科书，任何虚伪的假象都逃不过学生的眼睛。故意表演出来的所谓"榜样"，一旦被学生识破，就可能造成恶劣的影响。因此，一个教师在待人处世上必须做到"贵诚实，守信义"；在讲授知识、解答问题时，必须做到"知之为知之，不知为不知"，让自己成为最好的"诚信教科书"。

卢家锡是我国著名的化学家，30 年代曾兼任省立夏中学的数学教师。一天，一位学生拿了一道看似容易但一时又解不开的题向他请教。他拿回去，在图书馆翻阅了众多中外杂志和有关参考资料后，才在最新出版的一本外国杂志上找到这道难题的答案。这是该杂志的悬赏题目，是一项最新的研究成果。卢家锡向学生详细介绍了解题的方法和具体过程，直到那个学生完全弄懂为止。他对那个学生说："闽南有句老话，叫做'只有状元学生，没有状元先生'。我现在虽然在教你们，但还有许多东西自己也不懂，要进一步学习。"学生听了大为感动。卢家锡老先生做到了为人师表，他表现了一种诚实守信的高尚品德。

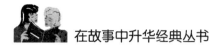

公平正直是教师人格的脊梁，一个无法做到对人对事公平正直的教师很难赢得学生的尊敬，他（她）也很难成为一个真正的教师。公平正直，意味着教师要处处以事情本身的是非曲直来决定自己的态度和方式，意味着教师要疾恶如仇，敢于与一些不法不公现象作斗争，如能公平处理成绩优秀学生与成绩落后学生之间的矛盾，一视同仁地看待不同层次的学生；不接受家长或社会的宴请和礼物，更不会向家长索取财物，敢于与腐败现象作斗争，等等。教师做到公平正直，就会为学生为人处世树立标杆，就会培养出一批又一批的公平正直的人。

②言行一致，表里如一。教师"言必信，行必果"，学生就会从中晓得怎样做人。言而无信，行而无果，装腔作势，弄虚作假，言行不一，表里不一，不仅会失去学生的信任，而且会使学生对教师所给予的教育（甚至是所有的教育）产生怀疑，因为它虚假失真。在教育中，任何方法上的不当，都没有比教师自身言行不一更糟糕的了。教书育人，要求教师也要以言行一致、表里如一的品格影响学生，学生诚实的品格需要教师言行上的真实来熏陶。

（2）为人师表包含着善。

教师为人师表作为一种人格道德示范，不仅蕴涵着真，还包含着一种更为高尚的善：那就是把促进学生的健全发展当做自我职业人生的目的，并为之无私无悔地奉献；善待每一个学生，关爱每一个学生，帮助每一个学生，让教育的和煦阳光普照每一个角落。"捧着一颗心来，不带半根草去"，陶行知先生的言与行就表明了教师职业的善的内涵。

①把促进学生的健全发展当做自我职业人生的根本目的。教师要对全体学生的全面发展负责，不仅关怀学生的现实人生，而且也要关心学生一生的成长与发展；不仅关心学生的认知性素质发展，也关心学生的情感性素质的发育与成长。不仅在某一阶段关注学生的健全发展，更是把对学生的健全发展负责贯穿自己的职业人生。鲁迅先生曾说，"在生活的道路上，将血一滴一

滴地滴过去，以饲别人，虽自觉渐渐瘦弱，也以为快活”，充分地体现了教师“落红不是无情物，化作春泥更护花”的献身精神，正是“善”的体现。

②有教无类，爱生如一。有教无类，为孔子先身倡行。南朝著名经济学家和教育家皇侃疏曰：“人乃有贵贱，同宣资教，不可以其种类庶鄙，而不教之也；教之则善，本无类也。”充分体现了教师“博施于民而能济众”的高尚品德。教师主要的任务就是尽最大的努力让更多的学生成“良材”，具有高尚的情操。教师不但要爱白天鹅，也要爱丑小鸭。“有教无类”，爱生如一，不仅是实现教育目的的必然要求，同时也集中地反映了师爱的广泛性和高尚性。反映了教师向善的品德。

有位老师曾讲过这样一件事：

我的班上曾经有这样一个学生，人称“打架大王”、“逃学大王”。他上课从来不听讲，考试从来不及格，经常出入电影院、录像厅和游戏厅，家里管不住，他的母亲只好整天坐在学校门口监视他。对于这样的学生，我没有嫌弃，也没有放弃。我课下主动与他接近，跟他聊天、拉家常、打羽毛球；还有意安排他为老师做一些事情，如到办公室取书，帮老师誊分，给老师做教具，等等。我发现他干活时特别卖力气，就有意安排他担任劳动委员。我支持他的工作，在全班同学面前给他树立威信，同时对他逐渐提出要求。为了便于对他监督指导，班级排座位时，我特意安排他坐在前排。上课提问时，估计他能回答的问题，就让他回答，对他每一点进步都给予及时的表扬和鼓励。放学后，我经常留下来帮他补课。有时干脆把他领到家中辅导。精诚所至，金石为开，渐渐地，他对学习产生了兴趣，不逃学也不打架了，后来顺利地升入了初中。毕业时他送给我一本精美的相册，里面还放着一张我和他在学校门口的合影。相册中还夹着一张纸条，纸条上写道：

敬爱的钱老师：

您好！爸爸、妈妈和我都很感激您，您是我在小学阶段遇到的最好的老师，我真舍不得离开您。

一个让您费心的学生

③济贫助学，嘘寒问暖。一位曾经得到过斯霞老师捐助的学生在回忆斯霞老师时动情地说：我上小学时家境非常贫穷，学习成绩也比较差，但斯老师并没有嫌弃我，而是给予我更多的关爱，课后经常找我谈心，鼓励我树立信心，克服困难。有一次我父亲生病住院，开学两个星期了，我还没有筹到

学费。斯老师知道情况后立即到我家里把我叫到学校，替我交清了所有费用。从此以后，斯老师每月都接济我，直到我小学毕业。如果没有斯老师当年的关心和帮助，就不可能有今天的我。

这是师爱的重要表现，是一种善的实践，它真实地传递了教书育人的真谛。许多教师不顾自己工资微薄，生活清贫，常常解囊资助贫困学生，并在生活上给予诸多关照，表现了教师淳厚、高尚的品德。

（3）为人师表体现着美。

教育是一门艺术，艺术的重要表现是美。为人师表作为教师德性的基本内涵，作为教师职业道德的基本要求，必然体现着美。这个“美”是内在美与外在美的和谐统一。

①行为美。行为美最重要的标志是行为端庄、遵纪守法。教师要把学生培养成为对国家、社会有用的人才，本身就应成为行为合宜、守法护法的模范。与此同时，举止优雅、大方，行为得体，不知不觉中就传递出丰富的教育意蕴。

②语言美。优美的语言包含着重要的教育契机。美好的语言往往反映着教师良好的知识素养和思想情操。古人云：“慧于心而秀于言。”教师内修于心，外秀于言，给学生以美的感染力与良好的话语示范。

③仪表美。仪表包括衣着、发式、举止、姿态等。教师的仪表是一种无言的教育方式，具有特殊的教育意义。整洁、大方、端庄是每位教师仪表美的标准。

教师的仪表还包括风度问题。风度是人的精神气质在举止、姿态方面的外在表现。对教师而言，其应有的风度是举止稳重，姿态端庄。也就是说，教师的一举一动都应显得庄重稳当，端庄有方，喜怒哀乐皆有分寸。

蔡元培先生便十分注重自己的仪表。他每次去学校给师生讲话和上课，必定要换上浆洗得十分清爽的衣服，把每一颗纽扣扣上以后，还要对着穿衣镜整理一番。进入讲演厅或教室前，也要习惯地整一整衣冠。这种讲究整洁的好习惯对学生无疑是一种无形的教育。

3. 为人师表还表现为良好的个性修养

一个好的教师具有健康的个性品质，有着广泛的兴趣、坚强的意志、开朗的性格、稳定的情绪，这本身就是给学生以熏陶和影响的教育资源，可以给学生提供良好的示范。因此，教师的良好的个性修养是为人师表的重要体现。

（1）广泛的兴趣。

兴趣是最好的老师。兴趣广泛，不仅是教师自身幸福生活的条件，而且是影响学生个性发展的教育手段，而且是教师与学生在更广泛领域里建立共同语言，融洽师生感情，培养教师威信的重要手段。教师广泛的兴趣，不仅表现在对教师事业的酷爱和高度的责任心上，而且表现在热情指导学生感兴趣的活动上。

（2）坚强的意志。

教师的工作是艰巨繁重的劳动，不仅要热情和兴趣，而且需要教师的良心、意志和觉悟。教师的意志作为教师个性品质的重要内容，是重要的师表风范。教师沉着自制，善于支配情感，对自己所从事的事业抱有明确的目的和坚定的信念，不论是顺境还是逆境，总是充满必胜的信心，在困难面前百折不回，刚毅顽强，勇敢无畏，具有顽强的毅力和坚忍不拔的精神，这些都会对学生产生潜移默化的影响。

（3）开朗的性格。

教师热情开朗的性格是一种重要的教育因素。它在教育、教学活动中表现为热爱人生、热爱事业、精神饱满、勤奋愉快、胸怀坦荡、乐观向上的精神状态。这种性格有利于产生巨大的人格吸引力，建立良好的人际关系，而且有利于克服逆境和心理挫折，不致由于孤僻、悲观、冷漠的消极情绪而影响教育效果。

（4）健康的情绪。

美国的鲍德温研究了73位教师与100名学生的相互关系后得出结论：一个情绪不稳定的教师容易扰乱其学生的情绪，而一个情绪稳定的教师也会使其学生的情绪趋于稳定。可见，教师的心理素质对学生的影响是很大的。

那么，教师如何实现为人师表呢？

美国学者霍华德·加德纳指出：在自然而丰富多彩的环境中。我们成人的每个优点和缺点，强项与弱项，都将展示在孩子面前。孩子时时刻刻都在关注成人的行为……观察成人如何处理问题，能否明辨是非以及如何对待他人。对于儿童来说，道德就在生活实际中通过仔细观察成人和其他同伴的行为而发展起来的。即使我们有很好的教科书，但如果与现实生活中的情况是相反的，那么教科书是无用的。只有教师自己把“人”字写大了，才能培养出大写的“人”来。为人师表就在教育教学的日常性事务中体现出来，每时每刻、课内课外，教师的人格潜移默化，直接成为其教育实践的基础。

1. 仪表端庄

教师的仪表是为人师表的第一表现，它是教师内心世界的外在表现，是教师精神气质的自然流露。一个着装得体、格调高雅、富有朝气的教师形象，不但使学生潜在的产生一种愉悦和崇敬心理，激发学生积极向上的情绪，而且给学生一种美的熏陶与享受。

教师的仪表主要表现为衣着发式、修饰打扮等。第一，要整齐清洁，面对活泼、积极向上的学生，教师不但要以内在知识丰富学生，而且要以良好的外在形象美感染、熏陶学生。因此，造型简洁大方、款式线条流畅、色彩单纯和谐、面料质朴典雅，就是教师着装的最佳选择。另外，教师的仪表应符合时宜，注意整体和谐，具有审美价值，显示出教师的威望与风度，以提高对学生的亲和力。前苏联教育家马卡连柯说过：无论对学校教师或其他工作人员，都必须要求衣服整洁，头发和胡子都要弄得像样，鞋袜洁净，双手清洁，不随地吐痰，不抛掷烟头，不刻意追求新异前卫，不浓妆艳抹，也不总是古板、严肃、老气横秋，令人望而生畏。

2. 谈吐自然、文雅

打动人心的力量正是来自教师亲切的话语以及在动作、体态中自然流露出来的平等、爱护、关切之情。教师在与学生交流时，应多一点亲切、自然、文雅，注意使用规范、健康的语言，肯定、赞许的语言，幽默、生动的语言，决不能是低级庸俗、粗鲁污秽的语言，更不能使用尖酸刻薄侮辱性语言嘲弄辱骂学生，否则会伤害学生，留下终生挥之不去的阴影。言教从口边做起，教师要注意说话的场合、时机和内容，把话说好。同时，教师应适时发挥动作、表情、手势、眼神等无声语言的暗示与沟通功能。关爱地抚摸一下学生的头、会意的微笑、赞许的目光、亲切的握手……每一次举手之劳，无不体现着对学生的关心、尊重、鼓励和期望，从而收到无言之教的效果。

有一位教师曾遇到这样一个“突发事件”：他心急火燎地去上课，刚推开教室门，只听“哗啦”一声，从门上方掉下来一盆灰土，刚好扣了他满头满身。教室里立刻哄堂大笑。他顿时觉得气不打一处来，像一座即将爆发的火山，大吼一声："笑什么？"学生们一看是他，全都吓得脸色苍白，大气也不敢出。他用尖利的、刀子一般的目光盯着全班学生，足足有十分钟之久，才用一种低沉的、威严的声音问："是谁干的？站出来！"教室里静得只听见"咚咚咚"的心跳声。但他分明看见，一个学生低垂着头，浑身哆嗦如筛糠。他不动声色地走下去，一把提起那个学生的衣领，厉声问："是不是你干的？说！""不是我！我没有！我……我不是故意的……""哼！狗改不了吃屎。不是你还能是谁？马上停课三天，回去请家长。"接着，他又将参与此事的学生统统赶出教室。这时，他还余怒未消，又令全班学生站起来，不分青红皂白，劈头盖脸地训斥了起来，几乎把一切能骂得出口的话都骂了出来，直到下课铃响。在这个"事件"中，这位教师可能是学生恶作剧的"受害者"，但他在处理"事件"的过程中没有做到为人师表，脾气暴躁、口出脏言、出言不逊、伤及无辜，这对学生的消极影响是显而易见的。

3. 以身示范

教师通过自己的实际行动来感染学生，使之受到教育，这便是身教。身教重于言教，其特点是以身示范，直观性强，感召力大。在教育实践过程中，教师必须以身作则、身体力行，只有"己正"，方能"正人"，只有以"其身正"，方能求得"不令而行"的教育效果，方能产生无言而威、不教而教的特殊文化心理。否则，"上行下效"，必然对学生产生极为有害的影响。身教要从身边做起。这也是教师职业幸福感的重要来源。

我国著名教育家张伯苓，1919 年之后相继创办南开大学、南开女中、南开小学。他十分注意对学生进行文明礼貌教育，并且身体力行，为人师表。一次，他发现有个学生手指被烟熏黄了，便严肃地劝告那个学生："烟对身体有害，要戒掉它。"没想到那个学生有点不服气，俏皮地说："那您吸烟就对身体没有害处吗？"张伯苓对于学生的责难，歉意地笑了笑，立即唤工友将自己所有的吕宋烟全部取来，当众销毁，还折断了自己用了多年的心爱的烟袋杆，诚恳地说："从此以后，我与诸同学共同戒烟。"果然，打那以后，他再也不吸烟了。

南开虽为私立学校，但并不是生财赚钱的工具。南开的经费完全公开，每年的账目都放在图书馆里任人查看。张伯苓曾说，谁要是查当月账目，他可以五分钟之内告诉你，这确实不是大话。他以身作责节约学校的每一个铜板。他每月取于学习的报酬，只是中心校长的一份薪水。大学成立后，他也只在此之上加三四十元，相当于当时大学毕业生工资的二分之一。他每次到北京办事，为替学校省钱，总是住在前门外施家胡同一个普通客店，每天房费一元。张伯苓常常在外为学校募款，几千、几万、几十万元，都分毫不差交到学校，未有一文入了私囊。

教师以身示范，包含着要做好学生的榜样。古人云：学高为师，德高为范。教育家陶行知先生说："要想学生学好，必须学生好学。唯有学而不厌的先生，才能教出学而不厌的学生。"这要求教师要建构精深的广博的知识结构，广泛涉猎，博采众长，完善技巧，提高适应教学能力，为学生素质的提高奠定坚实的基础。教师要精通自己所教的学科，要熟悉所教学科中最复杂的问题，这也是我们常说的"一杯水，一桶水，长流水"的关系。教师只有具备了渊博的知识，厚实的功底，讲话才能挥洒自如，引经据典，引人入胜，从而唤起学生的求知欲，使学生感到乐趣无穷。

有位教师在介绍自己的教育经验时说：她新到一所小学当班主任，发现这个班的同学在早读时间很吵闹，而且迟到的很多。开始，她用批评干涉的方法试图改变，一周的实践证明了这种方法的徒劳。新的一周开始，当学生们走进教室时，发现班主任端坐在讲台前，不再干涉他们，而是旁若无人、声情并茂地朗读自己喜爱的作品。学生们好奇地围在老师周围一探究竟，很快，一些学生被老师朗读的作品吸引，一些学生则回到自己的座位，拿出了课本和自己喜爱的东西。一个月以后，班上再也没有迟到的学生，教室里响起的是教师和学生们共同的读书声。

总之，作为教师，只有为人师、为人表才能更好地在学生中树立起自己的威信。

三分教，七分带

在教育过程中，教师的人格魅力是无穷的。教育过程说到底是一种人格的完善过程。教师的思想觉悟、道德素质，对学生有很大影响。我们常说“教书育人”，所谓“育人”就是要培养学生良好的思想品质。教师不仅在自己讲授的课程中循循善诱地进行引导，还要通过言传身教让学生懂得做人的道理。教育过程是一种人格完善的过程，这种完善很大程度上取决于教师本身人格力量所施加的影响。

无论是课堂教学还是游戏聊天，都是在身教，都是在潜移默化的影响，这种在自然状态下的教育，更能收到实效。常言说：“做人，三分教，七分带。”“喊破嗓子不如做个样子。”中国许多事做不好，是一些不以身作则的官员没有带好。倪萍在中央广播学院讲课，学生问她怎样成为一个受欢迎的节目主持人。倪萍说：“要在文化上补充自己，素质上提高自己，人格上修炼自己，风格里面有你的人格。”艺术家技艺精湛，还要有艺术家的胸怀和情操，香港著名影星周润发走进了香港中学生的教材，不仅因他有着精湛的技艺，更是因为他的人格魅力。

教师就是要以高尚的人格去影响学生。不管你是教什么的，不论你是有意还是无意的，在传授知识的同时，你的观念、气质、性格、修养、情趣、爱好等都和知识连在一起对学生施加影响，不是积极的就是消极的。就连老师一个赞许地点头，一丝会意的微笑，一束鼓励的目光，都会渗入学生的心田，变成巨大的精神力量。学生都有天然的向师性，教师的一言一行都会引起学生的高度注意，并通过眼睛在自己的心灵底片上留下影像。学生都有向上的思想，都希望得到老师的信任和喜爱，有些学生甚至因上课没提问到自己，以为老师不喜欢他而感到悲观。所以教师要平等、公正地对待他们，尊重他们，让他们在平和的氛围中健康成长。

从某种意义上说，学生身心能不能得到健康和谐的发展，教师的作用至关重要。杨霁朝对苏步青的培养，寿镜吾对鲁迅的影响，杨怀中对毛泽东的教育，都对这些名人的成长起着非常重要的作用。学生对教师的崇敬之情是真诚的，它不会随着时间的推移而消失，即使学生两鬓斑白，取得高于老师的成就时，老师的形象仍留在学生的脑海中。

人的职务是一时一地的，而人格是一生一世的。教师素质是在教育教学活动中表现出来的，它直接影响着教育、教学和人的发展。你说到做到，学生就言必信，行必果。你办事认真，一丝不苟，学生就可能养成踏踏实实、坚持不懈的精神。乌申斯基说“教师的人格，就是教育工作的一切”，并认为教师对学生的影响是“任何教科书，任何道德箴言，任何惩罚和奖励制度都不能代替的一种教育力量”。学生对教师尊重的惟一源泉就是教师的德和才。教师应该是学生心中的一座丰碑。培根说：“知识就是力量！”雨果说：“思想就是力量！那么，高尚的道德不也是一种力量吗？屈原悲愤赋《离骚》，董存瑞托起炸药包，不都是高尚的道德情感激起的不尽波涛吗？

所以，教师站在讲台上，台下几十双眼睛注视着你，你又该如何想呢？要知道，你在学生心目中是崇高的，是作为活生生的榜样走上讲台的。学生不仅向你学知识，更重要的是向你学习怎样做人。一个人品德好、能力强、诚实守信、心地善良，总受到大多数人的赞许，这也许会决定一个人事业的成败。

1814年冬，美国加州沃尔逊镇来了一群逃亡者，好心人给他们送饭，这些人狼吞虎咽地吃起来，连感谢的话都没有。但只有一个年轻人不同，当镇长杰克逊把吃的送到他面前时，年轻人问：“吃您这么多东西，你有什么活需要我干吗？”杰克逊说：“我没什么活要你做。”年轻人说：“那我不能白吃您的东西。”杰克逊只好说：“你吃过饭，我给你派活。”年轻人说：“我还是干了活再吃您的东西吧。”杰克逊没办法便说：“你愿意给我捶背吗？”于是小伙子十分认真地给杰克逊捶背。

饭后，杰克逊便将这个年轻人留在自己的庄园，并成了一把好手。两年后，杰克逊又将自己的女儿许配了他，杰克逊对女儿说：“别看他一无所有，将来他百分之百的能成功。”果不其然，20年后他成了亿万富翁。他就是美国赫赫有名的石油大王——哈默。

人品、人格就是一种力量，他是人生的底价。一位文学家说过这样一句话：“一切彻底的成功，都是做人的成功；一切彻底的失败，都是做人的失败。”

据有关部门不久前进行的民意调查表明，教师在所调查的21种全民所有制行业中形象还是比较好的。但现在存在的问题也相当严重，打骂、体罚学生现象时有发生，有的老师也不太注重自身的形象，个别老师肩扛冰棍箱，手拿瓜子进课堂，下课卖给学生，规定每天每个学生至少买多少，并只许买本班老师的。社会上一些时髦的打扮，有些老师也在效仿，把头发染成红绿黄，穿的衣服两大襟不一般长，露着肚脐不嫌凉……教师这样子，而要求学生仪表端庄，能做到吗？有些人先进的东西学不来，负面影响接受的特别快。这其实不是什么时尚，而是素质低的表现。美国那么开放，但他们要求教师不准袒胸露背进教室，女教师上课不准穿超短裙，裙子必须盖过膝盖。作为一个教师，要有良好的威信，要加强自身修养，要给学生做出榜样。车尔尼雪夫斯基说过："教师要把学生造就成什么人，自己就应当是一个什么人。"

细节之中显师表

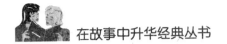

某小学课堂上，辅导员正有声有色讲述“青少年应该敬老爱幼，关心他人”的道理，一男孩突然举手：“老师，昨天在公共汽车上，有个老奶奶站在您身边，您为啥不让座啊？”老师大窘。这位男孩的率真多少让我们欣慰。榜样的力量是无穷的，倘若为人师长者违背自己宣扬的思想道德，那么他所制造的恶劣影响，远胜过只字不提。

为人师表，更重要的是要注意生活中的细节。俗话说：“教育无小事，事事是教育；教育无小节，节节是楷模。”只有把外在形象与道德形象结合起来，以良好的师风师德感召和熏陶学生，才能真正负起为人师表的重责。有位学生在写给老师的信中说：“李老师，您做到了为人师表。有一次，讲台上有一张废纸，好多同学视而不见。您没有生气而是走过去，弯下腰捡起来，几个同学脸都红了。”寥寥数语，教师的为人师表及其对学生产生的影响跃然纸上。在细节中做到了为人师表，我们就真正地做到了为人师表，因为教育就是一连串的细节。

孙维刚是个全才，从教三十八年，他教过物理、历史、地理、音乐，兼任过校排球队、乒乓球队、篮球队教练，还担任过手风琴伴奏。课堂上的孙维刚更是纵横千古、触类旁通。“上他的课是一种艺术享受”。就连听课的老师也禁不住赞叹孙维刚的才华。孙维刚认为，教师应当引领学生，使他们形成联想，总是从心底油然而生。他倡导教学应从以知识为目标转移到以活生生的学生本人为目标，全面发展学生的素质。

这就是为师的境界，身为教师，必须要有广博的知识和精湛的教艺。

1. “德”是第一位的

孙维刚的三轮实验班，都是市级优秀班集体。比如第三轮班，全班都是共青团员，班长是共产党员。班风正派，考试时，老师发完卷子就可离开，铃响后，学生自己收卷给老师送去，绝对无人作弊，因为“诚实”是他们最珍贵的财富，谁也不肯糟蹋它。向灾区捐献，他们班常常是全校最多的。孙维刚和他的妈妈在教室后面为每个同学拓造了一个柜橱，大概是三四千元吧，可他们一分钱也不收，他们说：为什么不给我们一个学习雷锋的机会呢？就读于哈佛大学的彭壮壮在给孙老师的信中写到："洛阳亲友如相问，一片冰心在玉壶"，表达了自己对祖国的深刻眷恋。如今，学有所成的他，已回国创业。

这就是为师的境界，身为老师，必须把"德"放在第一位。

2. 他信奉：班主任以身作则和对孩子们真诚

尽管会议和社会工作比较多，他还是力争每天早晨7点到教室和学生一起做值日；大扫除时他主动到厕所干拧墩布的脏活儿；学生摔伤了或有病，他背他们上医院；他做错了事，或哪怕心里错怪了谁，都会在全班面前检讨，向被错怪的同学赔不是。

1993年1月的一天早晨，孙维刚在上班路上因帮助别人推车而迟到了5分钟。到教室后，他什么也没有说，在黑板上写下："今天我迟到了，对不起大家。"然后走出门外，在凛冽的寒风中站了一个小时。

这就是为师的境界，身为教师，必须以身作则和对孩子们真诚。

3. 孙维刚爱他的学生们，这种爱"随风潜入夜，润物细无声"

1992年1月，已患膀胱癌的孙维刚带4名学生参加第七届中国数学奥林匹克竞赛。竞赛第一天早晨，孙维刚突然大量尿血，可他还是去了考场，陪伴学生们一天。晚上九点，该送学生们上五楼去休息的时候，孙维刚进了一次卫生间，他拉灭了灯，为的是不看。但黑暗中，不小心差点绊了一跤，他俯下身去，看见满便池都是鲜红的血，原来这一天孙维刚都在不停地尿血。还送不送孩子们上五楼呢？如果不送，孙维刚担心学生们会想，这不是孙老师一贯的作风，是不是他出什么事了？如果睡不好觉，便影响他们第二天的考试。于是，孙维刚装作若无其事地样子，送他们上了五楼，照顾他们睡下后，才下楼坐公共汽车回了家。

而第二天一早，参赛的学生又看到了孙老师。

这就是为师的境界，孙维刚爱他的学生们，这种爱"随风潜入夜，润物细无声"。

教师是一门特殊的职业，特殊之一就在于其示范性，在于教师一言一行对学生人格的长远影响。因此，在每天的教育教学生活中，在每一个细节上，教师都不能忽略自己对学生的影响，从而严于律己，做好学生的表率，这样，更利于教师威信的树立。

讲信誉、守信用、诚信为本

新学期开学，班主任王老师给学生以热情洋溢的鼓励，并郑重承诺：只要全班同学齐心协力，在争创文明班级活动中得到流动红旗，就在“六一”儿童节时带大家搞一次野炊。一连两个月，同学们很努力，每次都获胜。临到“六一”儿童节，因为“非典”，学校禁止搞集体活动，同学们很是懊丧。老师没有忘了自己的承诺，但又不能违反规定，怎么办？班队活动课时，教师给每位同学发了张白纸，要他们写一写、画一画他们心目中的“六一”儿童节。大家好开心，分别吐出了自己的心声，有的希望到乡下去陪奶奶，有的希望在家看一晚上电视，有的请求老师在“六一”儿童节不布置作业，有的则希望在节日戴上红领巾……老师把这些心愿一一整理，属于老师要做的事就精心安排，属于家长要做的事则通过不同方式告知家长。节日那天，孩子们很开心，他们都说是过了一个难忘的儿童节。

老师每天要说好多的话，但对孩子说话，必须掂量好了再说，因为在孩子心目中，老师的地位是不言而喻的。作为孩子心目中的偶像，老师的承诺如果不能兑现，那失去自己的人格魅力、失去自己在孩子心中的威信不说，孩子的成长可能也会掺杂不少不健康的因素。现在，不少地方、不少学校都在搞师德承诺，要记住，一诺千金。承诺了就不能等闲视之，承诺了就不能出尔反尔、言而无信，因为这是一种诚信，一种信誉。一个不守承诺、不讲信誉的教师是毫无威信可言的。

许多人都听说过下面这个故事：

一次，福克斯受邀参加某大学的演讲，大学生问他：“你在从政的道路上有没有撒过谎?”福克斯说：“从来没有。”

大学生在下面窃窃私语，有的还轻笑出声来，因为每一个政客都会这样表白，他们总是发誓说自己从来没有撒过谎。

福克斯并不恼，他对大学生说，孩子们，在这个社会上，也许我很难证明自己是个诚实的人，但是你们应该相信这个世界上还有诚实，它永远都在我们的周围。我想讲一个故事，也许你们听过了就忘了，但是这个故事对我很有意义。

有一位父亲是位绅士，有一天，他觉得园中的那座旧亭子应该拆了，他的孩子对拆亭子很感兴趣："爸爸，我想看看怎么拆掉这座旧亭子，等我从寄宿学校放假回来再拆好吗？"父亲答应了。孩子上学后，工人却很快把旧亭子拆了。孩子放假回来后，发现旧亭子已经拆除了，他闷闷不乐地说："爸爸，你对我撒谎了。"父亲惊异地看着孩子。孩子说："你说过的，那座旧亭子要等我回来再拆。"父亲说："孩子，爸爸错了，我应该实现自己的诺言。"

父亲很快召集来了工人，让他们按照旧亭子的模样重新在原地造一座亭子。亭子造好后，他叫来了孩子，对工人们说："现在，你们开始拆这座旧亭子。"

福克斯说："我认识这位父亲和孩子，这位父亲并不富有，但是他却为孩子实现了自己的诺言。"

大学生们问："请问这位父亲叫什么名字，我们希望认识他。"

福克斯说："他已经过世了，但是他的儿子还活着。"

"那么，他的孩子在哪里？他应该是一位诚实的人。"大学生们问。

福克斯平静地说："他的孩子现在就站在这里，就是我。"福克斯接着说，"我想说的是，我愿意像父亲一样，为自己的诺言为你们拆一座亭子。"

言罢，台下掌声雷动。

如今的中国正在建设诚信社会，在一般情况下，不管做什么事情，不管后果如何，一个人都应该讲诚信。

"诚信"作为一种被提倡和宣扬的道德准则，其基本含义是实事求是，恪守信用。这一道德准则有着漫长的历史，可以追溯到每一个伟大文明的源头。我国自古就崇尚"人而无信，不知其可"、"民无信不立，政无信不威"等道德标准，不仅视"诚信"为人人都应遵循的处世准则，还将其作为政府行为或国家行为的准则通过。

在学校教育中，教师的诚信程度直接影响着学生对社会价值的认识。先让我们来听听下面案例中学生心中的教师诚信形象。

上周五下午周队课，我在所任教班级精心策划了一场主题中队活动，目的是让学生敞开心扉，说说各自心目中的诚信老师形象。

整个活动由中队长韩笑主持，我坐后排当"听众"。学生开始有些拘束，在我的开导下才纷纷上台。副中队长陈洁学习认真，做事利落，她首先发言："我心中的诚信老师：幽默、风趣、不包庇，与学生亲密无间……我衷心希望老师能真正读懂我们这本书——童心。"

有班级"小作家"称号的王鹏程说话慢条斯理："我心中的老师是一位和蔼可亲、知识渊博的人，他给予我许多关怀，让我感受到学校这个集体的温暖；他给予我许多知识，使我在知识的海洋中快乐地遨游；他给予我许多鼓励，让我在前进的道路上碰到困难时心情得以平静。"

主持人韩笑示意即将上台的同学稍等，她似乎有些急不可耐："在我的心目中，老师并不个个都是诚信的。真正诚信的老师对待同学要像园丁呵护花草一样，精心照料。工作当中遇到什么不称心的事情不要放在脸上，更不能将无名之火撇在我们身上。我还想提醒老师，与同学们说话要和声细语，同学们做了错事要与他们谈心，不可大声吼叫。"

吉磊同学不善言辞，这回却落落大方："我心中最诚信的老师就是您了。您做什么事都是说到做到，不像有些老师那样丢三落四。但您也有缺点，比如下课时不能跟我们一起游戏，除了上课就是备课、改作业，要么找同学谈话。要知道，跟老师一起不单是学习知识，也包括做一些让我们开心愉悦的游戏。"

蒋鹏是个心直口快的男孩，瞧他说的："老师，如果您换一种眼光看我，我会觉得自在些，好像我上辈子欠您什么似的……您说话不要太刻薄，会让同学很没面子。还有，您做事要有记性，您说过到××同学家去家访，但到学期结束也没有去，这不说明您缺少诚信吗？"……

伴随着下课铃声，我走上讲台，向全班同学深情地鞠躬："感谢孩子们的真情道白，让我们携手并肩，与诚信同行！"同时在黑板上庄严地写下了我的宣言："打造诚信，从老师做起！"掌声响起，我从孩子们的掌声中体味到一种信任与期盼……

以上案例中，教师特意安排专门的时间，围绕诚信的话题，怀着倾听的心态，让学生能倾吐衷肠，从而让教师感受到应该怎样做一个诚信的教师。但是，在很多情况下，教师的诚信失落却在遗忘或忽视中被学生悄悄地"拣起"，然后在某一个特定的时机显露出来，请看下面的案例——

暑假即将开始，这是一个学期的最后一天，也是学生期盼已久的发成绩报告单的日子。但对班主任来说，却是一个忙碌的日子，打扫卫生，发暑假作业、成绩报告单……。好不容易忙完了，在让学生整队放学的时候，我发现有几个同学一副欲言又止的样子。

我把一个同学叫了过来："什么东西忘了吗？还是有什么话想和老师说？"

他抬起头，有些委屈地指控我："老师，您说话不算数！"

我茫然，不解地问："老师什么时候说话不算数？提醒老师一下好吗？"

旁边的几位同学见状靠过来七嘴八舌地说："老师，您说期末考试考到100分，您就请我们吃冷饮的！"

学生的话让我恍然大悟。那是期末考试前几天的一次班会课上，学生你一言我一语地说起了家长对期末考试的各种奖励。一个调皮的学生突然冒出了一句："老师，我们考100分，您奖励我们什么呀？""那你们想要什么样的奖励呢？""这些天挺热的，老师就请我们吃冷饮吧！""没问题！"我满口答应。

那几句话对我而言，只是为了激发学生复习的积极性而随口说说的，而对学生而言，我的随口应允就是一个承诺。

我一直教育学生要诚实守信，言出必行，可是我自己的行为……我把学生重新带回教室，诚恳地说："对不起，同学们！老师今天竟然忘了自己说过的话，差点成为一个不守信用的人，请同学们给老师一个改正错误的机会，让老师履行自己的承诺，做一个诚信的人，好吗？"

我的话音刚落，教室里爆发出一阵热烈的掌声和欢呼声。在同事的帮助下，冷饮很快发到了同学们的手上。他们小心翼翼地拿在手里，舍不得吃，满脸骄傲。

当我再次把学生带出校门时，家长已等候多时了。孩子们飞快地扑向家长，拿了奖品的学生把手里的冷饮举得高高的，一边跑一边说："看，我得了100分，这是老师奖给我的冷饮！"

陀思妥耶夫斯基说："我要求别人诚实守信，我自己就得诚实守信。"教师为人师表，在学生看来，教师不仅是知识和智慧的化身，而且教师的形象和为人也会感染学生。也就是说，教师的言行在学生眼中都是"真"的。因此，在课堂教学中，教师的"说话"必须注意真实性，不应该含有"泡沫"、逢场作戏、虚情假意、言行不一，让学生有受骗的感觉。否则，就会让教师威信扫地。

一位教师教学四年级下册"游戏规则的公平性"时。创设了丰富的教学情境，引导学生初步了解游戏规则的公平性。教师在每组信封里准备了8张牌：红桃A、红桃4、红桃6、红桃8、黑桃2、黑桃3、黑桃5、黑桃7，要求学生设计公平的游戏规则。

教师鼓励道："我们来比一比，看看哪个小组设计的游戏规则最公平？我将给大家颁发'金点子奖'和'创新设计奖'。"结果学生使出浑身解数，设计了多种游戏规则，本指望教师兑现自己的诺言，结果教师只顾答案的呈现，而忘记了自己的"承诺"。

还有一些公开课中，由于学生精彩的表现，教师适时地把奖品"奖励"给学生，结果到下课时，教师却向这些学生要回这些奖品。这种虚假交往，在一定程度上挫伤了学生学习的积极性，容易造成学生对教师的不信任感，当然，也会大大降低教师在学生心目中的威信。

市课堂教学评优活动中，一位老师为缓解借班上课的难度，达到调动学生积极性的目的，在课前与学生见面时承诺：如果课上跟老师好好配合、积极发言，那么就将一只可爱的布熊送给他们。当时还把布熊在学生面前晃动了几下。

第二天，学生不知是否因为老师的物质刺激，还是老师的课的确激发了他们的学习兴趣，实现了老师所期望的"好好配合"。精彩的课上完了，可学生并没有获得那只可爱的布熊，因为老师带着布熊走了。

这班孩子也不一般呐，他们告诉自己的老师"上当"的事儿，要求在老师的帮助下得到他们该得的奖品。学生的强烈呼声让老师不好推脱。于是，又把这事向学校领导作了汇报，学校领导还真当回事，与对方单位取得联系，第二天对方就专程把布熊给送来了。

这位老师给孩子上了一堂数学课，而学生也给老师上了一堂关于诚信的道德课。

另外，有的教师为了发挥学生学习的主体性，常会故作姿态地向学生"讨教"："这个老师也不会（或不明白、不知道、不理解……），谁来教教老师？"但接下来的表现却让学生看出教师并不糊涂，教师在说谎！对此，教师没必要装腔作势，完全可以直截了当地让已知的学生交流他们的思想。

但是，教师有时为了学生为了诚信可以"守口如瓶"，这种沉默是"金"，它是师生之间心灵的彼此"守护"。

有一次，我班的一个孩子在教室里捡到了同学掉的饭钱，悄悄地塞进自己的口袋里。事后，为了让他说出事实的真相。我一再向他保证：只要他肯说出实话，不仅可原谅他，而且绝不把事情的真相告诉他人。孩子相信了我的话，把事情的经过告诉了我，并向我承认了错误。

一件很棘手的事情就被我这样轻而易举地解决了。说实话，我的心里非常得意，这似乎成了我炫耀的资本。我把“破案”的经过告诉同事，让“小年轻”班主任知道“姜还是老的辣”。说来也巧，那孩子正好来办公室找数学老师交作业。听了我们的议论，看到老师们看他的眼神，他的小脸霎时间煞白。他用满含愤怒的目光看了我一眼，随即迅速地跑出了办公室。

从这以后。他像变了个人似的。上课再也看不到他举手了，学习成绩也下降了。事后，我也意识到了自己的错误，也主动地诚恳地向他赔礼道歉，可他和我疏远了。见到我，他就远远地躲开了。

看着孩子的变化，我很后悔，也使我懂得了：言而有信对孩子来说是多么重要。他们能说出心里话，是他们认识错误的起点。作为班主任，要教育好孩子，不仅要做他们的知心朋友，更重要的是收藏好孩子的秘密。

无独有偶，我又遇上了类似的事件。我班的一个男孩子在上课时，撕开了净水桶盖上的塑料纸，又把桶上的一个小塞儿掉到了瓶子里。为弥补自己的过错，他想用铅笔挑出那个小盖儿，但不仅没成功，连铅笔也掉进了桶。当我知道这件事情后，我找到了那个小男孩，可他不承认，怎么办呢？我又采用了同样的办法——只要他肯说出实话，我不仅原谅他，而且绝不把事情的真相告诉其他人。想了半天，他终于承认了错误，说出了实情。我也长长地舒了一口气。

搭班的老师想了解事实的真相一个劲地问我，我也很想告诉他，但一想起上次的事件，我忍住了。孩子用感激的目光看着我，我也友好地朝他笑笑，一切都在无语中。

教师的诚信换取的将会是学生的诚信。学生首先看在眼里，看一看教师的诚信是否真心实意，是否货真价实，然后他们会记在心上，想一想自己应该怎样做才不辜负老师的诚意与信任，体现自己的威信。下面案例中一位班主任将会告诉我们应该怎样做好教师的“诚信作业”。

刚接手六（2）班，我就知道张建华——一位因从不做家庭作业而闻名的学生。一周下来，果然名不虚传，只字未动，我打算找他谈谈。可我转念一想，他什么样的老师没见过，夸奖型：挖掘成绩，鼓励表扬；温柔型：和风细雨，晓之以理；严厉型：宣布纪律，写下保证；吓唬型：必须完成，否则回家。这些对身经百战的张建华有用吗？

某日，听到他与同学闲聊：“……做老师真好，自己不用做作业还可以给别人布置作业……”于是，我与他达成了一份君子协定：张建华每天认真完成老师布置的作业，言老师每天认真完成张建华同学布置的作业。

放学时，我布置了大约20分钟的作业量，他由于没经验布置了一个多小时的作业。我认真完成了，虽然累。第二天，张建华看了我满满的作业，认真写了个“优”，张建华也完成了，虽然字不够端正，我也批了大大的一个“优”。他有些难为情，我却很激动。

第二天放学，我布置近半小时的作业量，他可能看到我昨天做得太多了，只布置20分钟作业量。我们都认真完成了，值得一提的是张建华的字明显端正了，估计是受我的影响。我依然激动。

好现象一直坚持了4天，周末到了，凭经验我知道他可能因为贪玩会反复，我特意少布置些作业，半鼓励半开玩笑说：“可不能违反协定！”到了下周一，我满怀希望看他的作业，结果却令人失望。但我依然拿出自己的作业给他批，他红着脸批了个“优”。下午，他把补好的作业给我批，我很吃惊，因为我没有叫他补作业。我很欣慰。

20多天过去了，我特别高兴，张建华每天都完成作业。可我也苦恼，自己总不能把家庭作业一直做到他毕业呀，可这是协定，我应该遵守。

有一天，我去外省参加一个活动，要5天，临走前，我们分别给对方布置了5天的作业。5天后，当我们互相批作业时，张建华先是红着脸，因为他一字未做，当我把满满的作业给他批时，从来不哭的张建华哭了，哭得很伤心，他流着泪对我说：“言老师，以后我一定按时完成作业，请老师放心，我不再给您布置作业了，请老师别做家庭作业了。”此时，不知何物模糊了我的视线。

快一年过去了，张建华马上要毕业了，他实现了他的诺言。

诚信是一个永恒的话题，围绕它能撰写许多故事、抒发许多情感。

总之，作为教师，我们一定要记住：一个有威信的教师是要讲信誉，守信用，诚信为本的。

教师威信也从谦虚中来

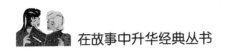

谦虚，历来就是中华民族的美德，也应当是一个有威信的教师应具有的品德。

“藏才隐智，任重致远”，“谦虚受益，满盈招损”。这是《菜根谭》对人们的劝告。

洪应明先生用很形象的比喻说，老鹰站立的时候像是在沉睡，老虎走路的姿态就像生了病一样，这正是它们准备以利爪捕食猎物的手段。所以，有德的君子要做到不显露聪明、不矜夸才华，方能肩负重大责任。

一个具有真才实学的人，遇事绝对沉着坚韧，不会有丝毫夸耀的念头。而那些自我夸耀，生怕别人不赏识自己的人，通常不知天高地厚，对事情也只是一知半解就跃跃欲试。常言道“一瓶水不响，半瓶水晃荡”，说的就是这个道理。事实上，一个有才华的人，最好是深藏不露，否则，很容易招致周围人的嫉恨。所谓“木秀于林，风必摧之；堆出于岸，流必湍之”。所以，先人才有“良贾深藏若虚，君子盛德容貌若愚”的名言，就是告诫后人不可夸示才智，而应该有大智若愚的风范。

洪应明又说，“欹器以满覆，扑满以空全”——欹器因为装满了水才会翻倒，扑满因为空无一物才得以保全。即常言所说，“谦受益，满招损”，就像成熟的稻穗因为弯垂所以能耐疾风，而挺直的麦秆则无法抵挡风力。由此观之，做人如果不懂得谦让，就算无意与人相争，他人也会视你为对手，随时对你展开攻势。

再者，如果不抱有虚怀若谷的心态，自然就会筑起一道牢不可破的心理防线，听不进别人的善意规劝，往往给人态度骄横的印象。而一个人如果内心充满了杂念，又不愿意接纳别人善意的建议，就会成为蛮横不讲理的狂人，这样只会招致他人的嫉恨，陷自己于险境。

有一位老师在“教育在线”论坛上袒露自己的心迹：

当教师 30 年后的今天，一种认识越来越清晰：虽然我在中学工作的角色可能还会有这样或那样的变化，但却有一种永远不能变的角色，这就是首先当好一名学生。要当一流的教师，就要先当一流的学生，这不仅包括自觉地向老教师、向书本、向社会、向自己的学生学习，更应该包括一种更高层面的角色和策略的换位思考。

这位老师还说，影响青年人成长的最大因素，不是环境和他人，而是自己的惰性、满足、自我原谅、自我开脱……人生对于大多数人来说。不会总是艳阳天，难免会有大渡河、金沙江、腊子口，总会遇到一些沟沟坎坎。我们既要想到不耕耘就不会有收获，更要想到有十分的耕耘并不一定能有十分的收获。但是，最重要的是先要去耕耘，因为人生的季节是不等人的。

我想，有了这种认识，这位老师一定会自觉改变自己，付出努力，从而一步步树立自己的威信。

还曾在网上见过这样一篇文章：

教师大都学过某一个专业，毕业后就做了这个专业的学科教师，有的还兼班主任工作，我走的就是这条路子。刚走上讲台，有过几天两腿发颤、头脑发蒙的经历，适应了一段时间，尤其是看到学生的“无知”后，腿也不颤了，头也高高仰起了，学科骄傲和职业霸气渐渐抬头了，有时俨然就是唯我独尊的气派了。学生自然就是我埋怨、出气的对象了，即使学生提出一个解题的好办法或者偶尔提出一个好建议，也认为不过如此，甚至还跟学生说，我的办法还是不错的嘛。时间一长，提意见的学生少了，我的地盘（呵呵）充斥的是骄傲和霸气！

一次被“赶鸭子上架”经历，真正改变了我。事情是这样的：我从教的第二年，因为当时教师短缺，校长安排我除了教初三的物理之外还兼教初二的历史。物理是我的专业，历史基本上是外行，正因为我是外行，不仅引领学生取得了很好的成绩，也让我走近了学生，因为我如果不依靠学生，简直就无路可走了。外行无形中拉近了我和学生的距离。不是我教得好，是我不可能居高临下地对待学生了。

这一年的教学，在当时看或许叫成功，现在看，那不过是比较灵活的应试教育而已。真正让我受益的是改变了我的行走方式，让我明白了学科骄傲和职业霸气的危害，也让我明白了有多少学生就有多少个装满金子的小脑瓜，“劈开”之后，不发光才怪呢！这段特殊的经历也为我以后主动选择教数学增强了信心。

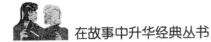

有了这段经历，我开始学着反省自己，并落实到行动，现在叫反思，当时我还不知道这个词。为了避免我的学科骄傲和职业霸气，我坚持：

1. 和学生一同参加考试。只要不是我命题的试卷，就和学生一起考，把自己完成的试卷混入学生试卷一起密封，统一阅卷。呵呵，考试成绩出来就知道自己能吃几碗干饭了。考第一的时候极少，五名以外的时候都有，即便是考了和学生一样的高分，解题方法也有不及学生的时候。甚至一直提醒学生注意的问题，自己掉进去的时候也不少！我这样参加考试，不仅拉近了和学生的距离，也为自己的学科教学提供了借鉴，迫使我不断地改进教学思路，更新教育观念，不再唠叨“你们考试的时候要细心”，而代之以具体的方法指导。尽管成绩不是评价教师和学生的惟一方式，但和学生一同参加考试，有效地避免了我的学科骄傲。

2. 遇到学生问题，多回忆自己学生时代的成长经历。我上初一的时候，是语文学科的标准差等生，就连听写生字我都很害怕，甚至有了语文课逃学的念头。老师上课听写10个生字，我写对5个以上的时候很少。值得庆幸的是，我的老师并没有批评我，在了解了我的心态以后，老师跟我说，以后你写对5个我就给你满分，发听写作业以前，你到这儿把那几个不会写的补上。从此，我对听写生字的恐惧心理一扫而空，终于有一次我堂堂正正地考了满分，老师在班上表扬了我，我学习语文的信心大增。尽管我没能把语文学得多么出色。毕竟有了小小的进步。这段温馨的回忆，让我在我的教学历程中学会的不仅仅是善待学生，而且我知道了倾听与交流，诊断与治疗是何等的重要。向学生学习，既可以增长我的教育智慧，又可以避免我的职业霸气。

3. 遇到学生问题或班级问题，多请学生出主意。我认为，一个老师不论经验有多丰富，也总有棘手的问题。社会在变化，学生在成长，新问题当然会层出不穷，多请学生出主意，让学生学会自我管理、自我教育，在这个过程中，促使了我进一步反思、调整自己的教育、教学方式。

4. 多学习、多思考。既向外行学习，也向家长学习；既向书本学习，也在网络学习；既向本学科的老师学习，也向其他学科的老师学习；既向优等的学生学习，更向学困的学生学习；善于倾听，也得善于思考；读书的时候，眼睛瞪大一点，实践增多一点；撕开自己多一点，指责别人少一点。因为我面对的是一个个鲜活的生命，能为孩子们和我自己增添一点色彩是我要做的。

这位所说的是另一种形式的不谦虚，那就是学科傲慢。所谓学科傲慢，

就是说：

人常常是到了不熟悉的领域，才能估出自己的真价值，而在自己熟悉的领域，往往会夸大自己的本事。学科傲慢会极大地损害教师威信。

学科傲慢还是一种权力的傲慢，就是在自己控制的一亩三分地上称王称霸，颐指气使。克服这种傲慢的主要途径应该是提高教师素质，培养民主精神和尊重学生的意识。然而事实上很多教师都不会自觉提高自身素质的，他们克服傲慢的主要途径是在教育教学中碰钉子。老路走不通，学生不买账，只好调整自己的观念。这是一种被动的学习，但总比不学好。

学科傲慢，从思维方式角度讲，还是一种“确定性的傲慢”。我在读到法国当代思想家埃德加·莫兰的《教育的七个黑洞》，其中有这样的话：“人们教授确定性，然而需要教授的恰恰是不确定性。”这话非常深刻。经验告诉我们，当一个人自以为真理在手，一切都明白如昼，一切都确定无疑的时候，他肯定会很傲慢的。所以我们的教育不能迷信标准答案。我们要让孩子从小就明白，很多事并不那么确定，任何一个人知道的东西永远小于不知道的东西。这不是谦虚、而是实事求是。

人们因无知而傲慢，因傲慢而更加无知。

在孩子（人类的最弱势群体）面前傲慢，是最没出息的傲慢。

所以，要想在孩子们中真正树立和提高自己的威信，还是要记住那句名言：谦虚使人进步，骄傲使人落后。

爱护自己的形象

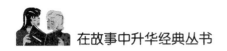

教师要想树立自己的威信，就要爱护自己的形象。可以想像，一个没有良好形象的教师，是无论如何也建立不起威信的。当然，我们这里讲述的形象并非是指穿衣打扮之内的外在形象。曾在媒体上见过这样一篇文章：

我的观点：咱们可不可以不收礼

近年来，学生家长给教师送礼的现象开始普遍起来。凡逢年过节，或教师家有红白喜事，或学生想调换座位，或要求教师对某学生特别关照，或希望安排某人当学生干部等等，一些家长就会送礼给教师。从表面上看，这种请客送礼办招待乃是平常小事，合情合理合法又不违规，是家长对教师的尊敬，无可非议，但实质上这样做的后果却非常严重。其理由如下：

第一，学生一旦知道教师经常接受家长礼物，会在他们心目中形成“教师腐败”的印象，不利于学生身心的正常发展，也影响教师自身的形象，影响教师开展正常的教学工作。

如果学生知道教师经常接受家长的礼物，久而久之，可能使学生形成一个错觉——教师是要“东西”的，教师的品德不是我们想像的那么高尚。一些表现差的学生可能会更加无所顾忌，可能会有意给教师难堪，使教师在学生心目中的“崇高形象”一扫而光。一般情况下，教师在学生心目中的形象是高大的，教师是人类灵魂的工程师，是蜡烛，是春蚕，教师只有奉献，没有索取。但是当这个光环消失，学生可能会走向另一个极端，从此瞧不起自己曾经崇拜的教师。那么，我们教师今后还怎样开展正常的教学工作呢?

第二，如果学生知道教师经常接受家长的礼物，会在部分学生中形成攀比，最后发展为人人反感。导致整个班级集体风气的恶化，学习成绩下滑。

从古到今的教育大师们都有一个共同的观点：“尊”源于“道”，“信”源于“法”。中小学生还没有完全形成正确的世界观，他们的从众心理特别突出，学不健康的东西很容易。一些学生喜欢吃最好的、看最靓的、穿最酷的、玩最刺激的，再加上好奇心重，他们会去猜测谁给老师的礼物最重，最好，不但形成同学之间的攀比，还给了调皮学生说东道西的话柄，给了不明真相的学生添油加醋的材料，影响了整个班集体的风气。

学生家长给教师送礼是目前一个敏感的社会话题。案例作者仅仅是说一说他的心里话，提醒教师能够科学地、恰当地处理目前这些敏感问题，摆正教师与学生、教师与家长之间的关系，使家长和学生能够理解教师，信任教师，也使学生的身心得到健康的发展。但作为教师自身就必须认真对待，努力提高自己的师德，强化自己的教学艺术与教学风格，争作专家型教师，建立起崇高的威信。

1. 善于从自身寻找原因

尽管社会上对教师有许多不良的印象，目前消极的印象莫过于“眼镜蛇”了。然而这一印象是来自教师的自我批评或自嘲，还是公众不满的情绪的一种表达，还难以断定。但是，从整体上看，在社会发展的各个阶段，人们对教师的整体印象还是积极的。我国有着尊师的悠久历史传统。在古代，自荀况把教师与天、地、君亲并列以来，教师一直受到尊重。

教师的社会形象总是与社会对文化的态度相联系。当一个社会中，文化的作用被否定时，教师的地位和形象就下降。我国在十年“文化大革命”中教师形象与“臭老九”结下了不解之缘，使教师的政治地位、社会地位和经济地位降到极低，此时教师是谈不上自尊的。

在过去近三十年的时间中政府大力提高教师的社会地位和待遇，中国共产党第二、三代领导人把“让教师成为人人羡慕的职业”作为目标。到目前，虽然还没有达到这一目标，但是，教师职业总体上已经成为一种具有一定吸引力的职业。在这样新的社会历史条件下，仍然用陈旧的价值观念去看待这一职业，在业内，难免显得不知自爱，在业外，至少也显得若非狂妄便是无知。

在国家、政府大力提高教师的社会地位和待遇，大力提倡尊师重教的条件下，教师的社会印象来自教师自身的积极努力。教师地位的提高、待遇的提高也意味着对教师责任和要求的提高。因此，如果说社会对教师产生了如“眼镜蛇”之类的不良印象，那也有教师自身的原因。公众对教师群体的印象来自对个体教师特点的概括。虽然这种概括并不科学，但在一定程度上反映了教师本身的某些特点。

2. 廉洁从教

在商品经济社会，教师通过合法、合理、合情的途径增加自己的经济收入本也无可厚非，但正如古人说的，“君子爱财，取之有道”。教师的收入，主要是国家规定的工资，其次是所在学校给予的各种津贴，还有一部分可能是通过为社会提供各种有关的服务而得到的合法收入。一个教师，如果搞起拦路抢劫或者诈骗的勾当，显然是一种违法犯罪行为。目前这方面的报道也有，但总体上看，并不多。而且，一旦有了这样的行为，并被发现，就很快受到法律的惩治，被逐出教师队伍。因此，这样的人并不会对教师形象造成实质性的危害，社会和公众也不会把这样的人看成是教师的主流。

真正给教师的社会形象造成危害的，是教师“创收”的某些手段。这些手段花样繁多，但影响最坏的主要有两种。一是补课。课堂上不讲，课后让学生到自己家里给学生“补课”的事，近几年来在许多学校似乎已经成为一种不成文的“行业潜规则”。这大多发生在经济较为发达的一些城市中学，特别是高中，更为突出。在农村中学，不太多见。原因很简单，农民手中没有多少钱，拦住了路，也抢不到钱。对于这种情况，如果社会不予激烈抨击，那反而就不正常了。

除了补课，还有其他更富“人情味”的途径，那就是收礼，严格地说，是索要礼物。如今的家长，望子成龙心切，总希望教师对自己的孩子高看一眼，或者给予特殊的照顾，送点礼物给老师也算是合乎情理；对于教师来说，“却之不恭”，“笑纳”似乎也没有什么。但是，问题是，送了礼的学生就得到了特殊照顾，没有送礼，或者送不起礼的学生呢？这样来看，教师“收礼”绝非一种被动行为，多少有点索取的味道，因为其中的潜规则是根据“礼”来对待学生。

教学是学校的中心，课堂是教学的主渠道，这是人人明白的道理。上好课，是教师的最基本的职责，公平对待每个学生，根据学生表现给予客观评价，是教师最基本的责任和义务。与这些责任和义务相称的权利是国家提供的工资。如果要说教师职业的道德的“底线”，这就是最后的底线。超越了底线，就不知自爱了。要想得到社会的尊重，就更不可能了。

3. 形成自己的教育教学艺术和风格

教师要受到社会、家长、学生的尊重和爱戴，必须刻苦钻研科学文化知识，掌握教育教学理论，不断改进自己的教学方法，形成自己的教学艺术与教学风格，争取成为一个专家型教师。

纵观那些富有威信的优秀的教师和教育家，无不具有自己的教育艺术和教学风格。在世人眼中，他们也是专家型的教师。但是，对他们而言，教育艺术和教学风格本身不是他们追求的根本目标，而是为了获得理想的教育教学效果的一种途径，或者说，是在追求理想教育教学效果的过程中所形成的一种自然的结果。而“专家型”教师的称号，也不是他们自封的，而是社会公认的。

教师的最高境界是教育家。教育家不仅是社会公认的，而且是历史公认的。无数当代的“名人”也许会随着历史变迁而销声匿迹，特别是图得虚名之徒，在世的显赫无法逃避历史的审判，但是，真正的教育家，历时愈久，愈受到人们的尊敬和敬仰，最终入圣者之列。如孔子，生前曾“如丧家之犬”，死后历经数千年仍被奉为“万世师表”。人是必死的，个人所拥有的一切的个人价值，将随着个体的消亡而灰飞烟灭。然而，真正有利于社会的事业和功绩将万世流芳。教育家，应该是我们的理想。

让学生信服

我们先来看一位李姓班主任写的文章：

我对“信服”的解释是“信任加服从”。做一个让学生信服的班主任，就必须树立起自己的威信，让学生认同我们的观点，认同我们的行为。

1. 向学生宣传解释班级管理制度

任何法律、法规必须先向公民宣传条文的内容，说明立法的依据和目的，才能顺利实施。

(1) 让故事说话。

我面对的是初中生，大多在家娇生惯养、爱看动画片、知识面不广，因此我决定换一种方式向他们说教。我讲了一个《农夫的稻谷》的故事。有一个农夫得到了一种特别优异的稻谷的种子，大家都来向他讨要。可是农夫拒绝了大家的请求。到了收割的季节，农夫惊讶地发现，自己的稻谷居然跟邻居的一样。原来，风把好稻子和普通稻子的花粉混在了一起，所以村子里的稻子变成一样了。后来，这个农夫把自己的优异种子分给了邻居，这样，大家都收获了丰收。学生们很容易从故事中悟出，良好环境中的个人进步是最大的，而这种良好的环境是由分享、互助造就的。

(2) 以情动人。

我们的班主任都知道用“情”去打动学生，感化学生。

如：对某些总受漠视的学生，如果我们特别关照他，他会感激涕零，发奋读书，这时我们可以持续关照他。而当他又开始违纪时，我们就可以适当疏远他，并且让他感觉到老师对他的惩罚，对他再次违纪的愤怒。这时，我相信大部分学生都会主动向你道歉。只有让学生时时感到你的关心，你的存在，让他们觉得做得不好有可能失去你的友好，他们才会体会师生情感的酸甜苦辣。只有品尝了酸甜苦辣的情感，学生才会被“情”打动和感化。

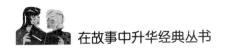

(3) 以理服人。

现在的学生有自己的思想，衡量事物的好坏、善恶有自己的尺度和标准。如果我们不能抓住事情的要害，就不会让学生认同，他们就会与我们理论，假若我们说服不了他们，他们就会反感，继而反抗。所以，我们对每一件事情都要认真分析，找出关键所在。比如，每个学校都有打架事件发生。说教没有抓住事情的关键，学生就没有认同。学生去打架，绝大多数是心理不平衡，认为受了别人欺侮，在同学面前失去了面子，必须挽回这个面子。我常给学生讲韩信忍胯下之辱的故事，然后问学生："韩信厉害，还是市井无赖厉害？"回答是"韩信"。我又问："如果韩信杀了无赖，历史上还有韩信吗？"回答是"没有"。然后我说："韩信没有杀无赖。是因为他认为他的命比无赖的值钱。如果你认为你比对手强，你就不要与他打。打架没有赢家，不打才是赢家。"这样，学生的心理疏通了，握紧的拳头也就放下了。所以学生打架时，一般我问三个问题："谁赢了？还想打吗？现在怎么办？"学生一般回答：一个同学不曾赢，一个同学未曾输；不想再打；握手言和。我觉得学生基本认同了我的这种处理办法。

2. 让家长认同我们的教育方法

如果家长认同班主任的教育方法，就会帮助宣扬我们的教育方法，帮助我们在学生心目中树立良好的形象。那如何让家长认同我们的教育方法呢？如果想在一个学期内把成绩提高，然后得到家长的认同，这是不切实际的，学知识不可能有暴发户。我们必须换一种角度来思考。我们自己做父母，如果我们的孩子说出一句关心我们的话语，可以让我们开心三天，甜蜜三天，更不用说做一件让我们高兴的事了，学生的家长又何尝不是这样。一般情况学生打架都有理由："他骂了我"，"他碰到了我，又不道歉"，等等。如果我们从打架有害、打伤人就得赔钱、你打了别人别人就会打你等等去说服，收效甚微。学生反而会认为别人打了我，我就要打别人。基于这种考虑，为了得到家长的认同，七年级时，我让学生每次回家说一句关心父母的话，做一件让父母高兴的事。那时，我接到最多的电话就是家长高兴地告诉我："我的孩子一到适存中学就懂事了。"这就是家长对我教育方法的认同。八年级时，我又让学生与父母谈一次心，并交一篇心得给我，主要是让学生理解父母。这种做法使家长非常高兴，当天就有两个家长打电话来感谢我。

说实在的，我班学生成绩并不拔尖，可家长从不责问我，相信我能把他们的孩子教好，认为把孩子交给我就放心。既然这样，他们肯定要求孩子严格按我的要求做，我的班主任工作还会难做吗?

3. 把“苦”事变“乐”事

我们的班纪班规在一定程度上会限定学生的自由，限定了自由自然会有些难受，这就是“苦”事。我们就得想一个办法，变一种方式把我们的要求告诉学生，把“苦”事变“乐”事。如我要求学生早晨跑步，估计学生肯定会叫苦连天。我首先自己跑两天步，然后写一篇“招友启事”说：“开学来，我备感工作和学习压力，有力不从心之感，所以我决定锻炼身体增强体质，以便更好地工作和学习。可两天来，我形单影只。现打算在55班寻找有志锻炼身体的好友一起跑步，有意者请在下面空白处签上你的大名。”启事在班上贴出后，学生全部签上名。我认为这比强迫学生跑步，向学生说教跑步的好处效果要好得多。又如学生厌学，我不说学习重要性，而是背诵王艮的《乐学歌》：“乐是乐此学，学是学此乐，不乐不是学，不学不是乐……”我认为这样的说教其乐融融，其乐无穷。

班主任在学生中能否树立威信赢得学生的钦佩和信任，是班主任品德修养、管理能力和教育水平以及教师人格魅力的综合体现。钦佩和信任使人亲之而近之。古人云：“有威则可畏，有信则乐从，凡欲服从者，必兼备威信。”可见获得钦佩和信任对于开展班主任工作多么重要。

李老师以自己的实际工作经历，证明“言必信，行必果”对班主任而言是何其重要。孔子曾经说过：“其身正，不令而行；其身不正，虽令不从。”作为教育工作者，班主任肩负着教育学生受教育的责任，班主任要取“信”于学生，那么就必须在学生面前树立起一个良好的形象。而让学生认为最可信、最有说服力的良好形象是班主任自己的以身作则、身体力行、表里如一和言行一致。班主任要以身作则，为人师表，时时处处起到表率作用，真正成为学生心目中的楷模，影响教育学生。这是做好班主任工作的基础。

除此之外，班主任也要对学生因材施教，并懂得宽容、谅解地对待学生。每一个学生都有自己的性格特点，班主任应该利用一切可能去细心观察，分析每一个学生的性格、气质、才干和志趣，做到因材施教。班主任要根据学生不同的性格、气质、才干和志趣，做到投其所好，赢得学生的信任。比如，有的学生比较喜欢教师的直接批评教育，喜欢单刀直入的教育方式，而有的学生比较喜欢教师的婉转批评，对于教师的直接批评，他

们会产生反感。那么作为班主任的我们，就应该根据学生的个性，采用不同的教育方式，最终达到教育学生的效果，从而赢得学生们的信任。在因材施教的同时，班主任也要学会理解学生，认真研究他们思想发展的过程，努力探索他们内心世界，并懂得宽容、谅解地对待学生。因为，人与人之间相互宽容，是人际关系良性循环的润滑剂。

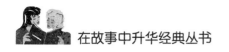

化解矛盾，维护其他教师的威信

在班级日常工作中，班主任与学生接触最频繁，在教育学生、管理学生方面投入也最多，加之又有班主任的“头衔”，因此比较容易树立自己的威信。学生在与班主任产生矛盾、冲突的机会也相应较少，尤其是较严重的冲突极少。学生即便心里不乐意，但口头上、行动上还是能服从班主任的指挥。相比之下，任课教师由于参与班级活动少且与学生的交往多数局限在课堂里，因而也不易受到学生的重视，遇到问题产生冲突的几率相对就大一些。此时班主任应以情动人，以理服人，主动维护任课教师的威信。当然，任课教师能否树立威信，班主任的主动维护只是一个方面，关键还是取决于教师自身的人格魅力和教学水平。

为了化解矛盾，树立任课教师的威信，班主任要注意讲究方法与策略。师生矛盾比较复杂，有时责任全在学生，有时学生、教师双方都有责任，也有时主要责任在教师。处理师生矛盾时，班主任不要不分曲直一味地压制学生，也不要在学生面前批评教师。要在认真调查的基础上，按实际情况合理、公正地加以解决。除此之外，在班级管理过程中班主任有意识地赋予任课教师一定的权利，如学生的入团表决权、“三好生”一票否决权，同时，要全力支持任课教师搞好教育教学工作，如支持教师在班级树立典型、表扬或批评学生，支持教师对学生的奖励等等。下面的实例对班主任化解矛盾，维护教师威信具有参考作用。

刚下第三节课，初二（一）班的班长就向班主任黄老师报告了一个很坏的消息：小刚在物理课上同陈老师发生了严重的冲突。事情是这样的：

小刚因为同母亲赌气，早晨没吃饭。挨过两节课后，第三节就挺不住了。他本来物理成绩就差，加上肚内不停轰鸣作响，根本听不进去课。陈老师发现他频频皱眉，一副反感的表情，也十分不悦。为了吸引同学们的注意，陈老师提高声音，不料小刚更加烦躁。陈老师一见此状，很是生气。他点名让小刚站起来回答问题。小刚知道老师这是有意给他难堪，所以激起了一股对立情绪。于是他以沉默表示了他的反抗，激起了陈老师的愤慨。他严厉斥责了小刚，然而小刚竟用蔑视的目光回敬这位对同学一向严格的老师。这一来，矛盾激化了。陈老师“命令”小刚离开课堂，小刚不但没有服从，反而“扑通”一声坐在椅子上。陈老师一见，气得脸色发白，并用一只颤动的手，抓住小刚的衣领向外拖……

听完班长的报告，黄老师感到心情沉重。她知道，凡这样冲突都是最棘手的问题。科任教师同本班学生的关系一旦到了这样的地步，是很难协调的。通常的做法是，班主任站在老师一面，给学生进一步施加压力，使其屈服、就范，以此为老师树立威信。这种做法，实践表明，是失败的。黄老师觉得，只有多做双方的工作，用灵活的方法，使他们心里真正沟通，架起感情的桥梁，才能收到好的效果。

黄老师开始了耐心细微的工作，她同陈老师谈话之后，又找小刚。

她没有过多地责备小刚。只是说，陈老师现在很后悔，他想找小刚谈心。小刚听了这话之后，立刻低下了头。接着黄老师谈起了陈老师的工作、生活、家庭……

“学校老师都知道，陈老师是一个工作拼命、极为认真的老师。”黄老师说，“因为工作出色才从农村选拔到我们重点学校。可是同志们只知道他的工作，并不完全了解他的生活，陈老师的妻子是农村人，没有工作，而且因为有病，生活都难以自理。五年来，陈老师对妻子不嫌弃，想方设法为她求医治病，承担着全部家务，用一个人的工资抚养着三口之家。尽管如此，他从来没因此影响工作。是的，他性情急躁。脸上好像时时都布满乌云，他心里苦啊……”

说到这里，黄老师情绪激动。这位好动情的慈母般的老师，眼睛一下子潮湿了。此时小刚也被感动了，他心中原来积存的不满和怨恨，被熔化了，心底涌起了一股同情和内疚。

“小刚，我不想为任何一个人的失误进行辩护，也不想更多地责备你课堂上的行为，我只想要求你站在陈老师的位置上多想一想，我相信你会正确处理这件事情的……”

小刚是个倔强的孩子，但他不是一个不通情达理的学生，而且也有一颗善良的心，听了老师这一番深情的话，内心很不平静。

“陈老师深感后悔，他心情沉重，他说他伤害了一个学生的自尊。”黄老师沉默了一会又接着说："他要来找你谈心，我没同意，我说，小刚会来找你的。我这样说对吗?"

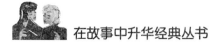

"我去找陈老师承认错误……"说到这，小刚的眼圈一下子红了。

"啊，对了!"黄老师微笑着说，"陈老师正有事求你。"

"什么事?我一定办到!"

"最近一个老中医为他妻子开了秘方，缺几味药，听说你母亲在中医院工作，想让你帮他把药配齐……"

小刚呼地一下站起来，立即同班主任一起去陈老师家。

师生二人踏着深秋的月光来到陈老师家。小刚轻轻地推开房门。发现陈老师一边熬药，一边备课。顿时一股热流涌上心头，他一步跨进简陋的小屋，叫了一声："陈老师!"两双手紧紧地握在了一起……

上面这个例子值得班主任和教师们好好体会。

没有尊卑，只有平等

受传统“师道尊严”思想的影响，有些教师“高高在上”，时不时摆出“为师”的架子，这看似威严，实则有损于教师威信。新时期的教师，应该摆脱传统思想中不良成分的束缚和影响，建立平等和谐的师生关系。这样，教师的威信才会越来越高。我们不妨一起来看下面这个案例：

说了很多次，我们班的同学总是改变不了做事马马虎虎的毛病，值日时将扫除工具随手乱丢。为此，我专门召开了《爱护公物》的班会。班会上，同学们也表示“爱护公物、不随意乱丢公物”，我也一再强调爱护公物、不随意乱丢公物以加深他们的印象。可是晚上放学时，我就在班上的卫生担当区内拾到一个被丢弃的戳子和一把笤帚，仔细一看，竟然有五年级一班的“记号”。顿时，一股怒火“腾”地窜上脑门：好啊，简直把我的话当成耳旁风了！为了维护老师的尊严，我决定明天给他们点颜色看看。于是，我把戳子和笤帚拿到了办公室。

第二天早上，我迫不及待地来到了班级。假装拿笤帚扫地的样子。“唉，咱班怎么缺了一把笤帚?”“值日组长，站起来！咱班怎么缺了一把笤帚?”值日组长在班内找了一会儿没找到。我大声说：“昨天班会上我讲了什么？笤帚到底放哪了?”他无言以对。

“去找!”我大喝一声，手指着教室外，“马上给我出去找。”他出去转了一圈——当然找不到，又胆怯地回到了我面前，小声说：“老师，我买去，我赔，行吗?”

“不行!”我声色俱厉地呵斥道：“就要原来的，我要治一治你们这种坏习惯。找不着，不准上课，中午不准回家吃饭!”

学生只得出去找，望着他战战兢兢、畏畏缩缩的背影，我心中升起一股莫名的快意。

下午，上课铃刚响，他拿着一把笤帚跑到我面前：“找到了，老师。”

我一看，确实是学校统一发放的那种笤帚，马上意识到其中有假。心想：

“竟敢这么骗我，太不尊重我了。我可是你的老师啊！看我怎么揭穿你的伎俩。”我歇斯底里地吼道：“你从哪里弄来的？别以为我不知道，说！”

他的眼泪吧嗒吧嗒地掉了下来，一边哭，一边说：“怕你不让我进教室上课，只好偷了别班的笤帚和戳子。”

他这么一回答，好像从头上泼下一盆冷水浇灭了我的怒火，也让我彻底冷静了下来。我本想让他改正错误，却逼得他犯了更大的错误。我突然意识到自己犯了一个多么大的错误！我是多么残忍啊！为了我那点可怜的尊严与威信，竟如此无理地对待一个学生。我想象得出，他是经过怎样的煎熬才作出了这样的选择！于是，我决定作深刻的自我批评。

下午的自习课上，我首先向同学们说明了笤帚事情的原委：“同学们，今天，老师犯了一个很大的错误，表面上是为了惩罚值日生乱丢班级公共物的不良行为，实际上是为了维护我的尊严而导致某某同学犯了错误，我郑重地向同学们道歉！”说完，我深深地向值日组长鞠了一躬。我亲眼看到：同学们的眼神由惊诧变成敬佩，随后班内响起了雷鸣般的掌声。这时，值日组长也激动地站起来向大家承认了错误：“老师、同学们，是我不好，昨天把笤帚忘在了咱们班的卫生担当区了，今后一定改正！”并且主动把那把偷来的笤帚送还原主。

对犯错误的同学给予一定的惩罚，这是教育方式的一种。但是，处罚仅仅是一种手段，教育才是目的。因此，教师在处罚学生时，首先要考虑到是否有利于学生改正错误，是否给学生改过的机会，还要与学生换位，想一想他们的感受，弄清事情的原委之后，再选择恰当的方法来教育。这样有助于平等的师生关系的形成，更有利于教师威信的提升。切不可罚不择法，罚而无度，以罚代教，更不能因自己的私念和维护自己的师道尊严而肆意妄为。上述案例中教师的责任心与学生的疏忽发生碰撞，结果在“师道尊严”思想的指导下，教师实施了错误的惩罚，竟导致学生做了错事。这是教师工作中的一大失误。值得庆幸的是，这位老师即刻认识到问题的严重性，并及时采取措施挽回了不良影响，重新获得了学生的拥戴。教师能够通过反思，把自我批评亮相于学生的面前，这是师生平等的具体体现，是开展民主教学的前提，是素质教育的成功。

师生关系是影响教育教学效果的关键。科学的学生观、教师观和科学的发展观要求教师建立和谐、平等的师生关系。在课堂上要求老师的角色由

“主宰者”变成引导者，引导学生自主、合作、探究、创新地去学习。教师要把自己当听众。当成一个讨论者、合作者。但是由于传统的教育观念很难一下子从教师的头脑中去掉，所以使教师和学生在人格和教学中的地位上达到真正的平等是一件很困难的事。因此需要每一位教师从分析传统的师生关系存在的弊端入手来改变自己的教育教学观念，进一步明确平等的师生关系的重要意义、内涵以及怎样建立平等的师生关系，为建立真正的平等的师生关系奠定坚实的基础。

1. 分析传统的师生关系存在的弊端，改变自己的教育教学观念

几千年来，受封建文化中“师道尊严”等思想的影响，旧的师生关系依然存在，且有它的顽固性，其主要表现为“一压、二包、三放弃”。

（1）“一压”指压学生。

在教学上，用脱离实际的高要求、超负荷的作业量，使学生睡眠锐减，为分数奔命，心理压力巨大；在管理上，我说你听，我管你服，教师的话就是“圣旨”，即使脱离实际、不符合客观规律的要求，也要学生一一照做，稍有意见或不从，便讽刺挖苦，甚至体罚或变相体罚。

（2）“二包”指教师包讲、包办。

在教学上，教师一言堂、满堂灌，一节课讲得“风雨不透”，丝毫不给学生活动的空间，然后是烙饼式地练，一个生字让学生十遍八遍地写，一篇文章让学生无数次地读，其结果是教师累得筋疲力尽，学生练得苦不堪言，还收效甚微。在管理上，教师越俎代庖，事无巨细，一切包办，体现不出教师的主导作用和学生的主体作用。

（3）“三放弃”指教师对问题学生进行放弃。

教师对分数低、不听话、不顺眼的学生排挤、放弃。教师对成绩差的学生不是积极帮助查找原因，采取开“小灶”、结对子等措施弥补不足，而是认为其已无药可治，放任自流；对“不听话”的学生不认真调查研究，分析其在心理上、思想上存在的问题，并加以正确引导，而是采取惩罚、侮辱等手段打击学生，挫伤学生改正错误、求实上进的积极性；对不顺眼的学生不能积极帮助其改正缺点，激发其积极参与班级事务管理和参加各项活动的积极性，而是不断排挤、讽刺、挖苦，其结果是学生心理受到压抑，找不到在班级中的位置，于是心烦、厌学、辍学。

在这种主从型的师生关系中，一方面，负有社会责任的教师强制学生学习、掌握知识，另一方面，丧失自由、被迫学习的学生，把教师的行为看成是压制、侵犯。其结果造成师生关系紧张、矛盾尖锐，酿成教育的悲剧。学生年级越高，对教师的不信任度越高，教师的威信越低。因此，教师应从素质教育对教师的要求人手，改变教育教学观念，努力建立一种平等的师生关系。

2. 从“社会化”角度明确建立平等的师生关系的意义

民主平等的师生关系，不仅是社会进步的必然结果，也是教育现代化的必然要求。人们普遍同意，在普及九年义务教育后，学校在个体社会化的过程中扮演着重要角色，学生在教学活动中不仅是获得知识技能，还在学习这些知识技能的同时潜移默化地实现着自身的社会化。教学是学校教育中最核心和基础的活动，师生关系是对学生最具影响力的人际关系，两者对学生的社会化必然会发生深刻的影响作用。一个学生，如果在整个受教育阶段从来没有在师生关系中体验过教师的平等对待，从来没有通过教学活动经历过民主的过程，或者始终处于尊严被漠视、权力被剥夺的处境，那么，他的思维和行为将只能在服从或反抗的两极间游走，绝无机会学会以民主平等的方式为人处事。而在师生关系的建设中，显然作为成人的教师占据着主动和决定性的地位，也就是说，尽管双方平等是追求的目标，而平等能否实现却更需要教师一方的努力。学校中师生关系是更倾向于民主与平等，还是严格维系师道尊严，主要取决于教师而不是学生。

3. 平等的师生关系的内涵

在中小学，民主平等的师生关系的内涵主要是指双方在人格和教学中地位上的平等。教师在教学活动中不但要摆正自己的地位即引领者、合作者、组织者，与学生在人格上形成了平等的地位，而且还要把每一个学生看作是具有平等人格的人，尊重每一个学生的感受、思想和意愿，努力用开放、探索的态度来组织教学活动，力求逐步形成师生、生生间平等的互动。

4. 如何建立平等的师生关系

（1）教师要摆正自己在教育教学中的位置。

教师要做学生的伴游，而不仅仅是导游。所谓“伴游”，就是要自始至终参与学习的全过程，并在学习当中与学生同甘共苦；所谓“导游”，就是要指导学生学习，为学生排疑解难。因此，教师在教育教学的过程中，必须以学生为核心，“一切为了学生，为了学生的一切”。教育实际上是一个特殊的服务行业，教师要服务于学生，必须学会“蹲下来跟学生说话”，给学生当“伴游”。

（2）教师要热爱学生，要最大限度地理解、尊重、宽容、善待学生。

热爱学生是师德的最起码的要求，也是重要的教育手段。一个真诚地热爱学生的教师也会得到学生的爱戴和信赖，而且学生还会把教师的爱迁移到他所教的学科上去。

英国有位科学家叫麦克劳德，小时候曾经偷偷杀死校长家的狗，这在西方国家显然是难以原谅的错误。但校长对他的惩罚是：画出狗的血液循环图和骨骼结构图。正是这个包含理解、宽容和善心的惩罚，使麦克劳德爱上了生物学，并最终因发现胰岛素在治疗糖尿病中的作用而获得诺贝尔奖。由此可见，有问题的学生不一定是坏学生。学生犯错误，往往不是品质问题，而是出于好奇或者其他心理原因。学生出了问题，教师要认真分析，正确引导，不要不分青红皂白地横加指责、痛下杀手。实际上，很多老师都有过这样的体验：当我们依依不舍地送走了一届又一届毕业生以后，过了几年，甚至十几年、几十年，仍然记得你这位老师的，就是当年的“问题”学生。因为你在他身上花的心血最多，这是你应得的回报。我们的学生尚未成年，还处在身心发展阶段，是非观念还没有成熟，出现一些毛病和错误，这是在所难免的。“学生看起来最不值得爱的时候，恰恰是他们最需要爱的时候”，对有问题的学生，教师应该热情地伸出双手。

（3）改变评价的方式，提倡激励为主的评价方式。

教学评价不当，否定的评价过多，这是造成师生情感障碍的主要原因。教师对学生评价的目的是为了帮助他们更好的发展，因此通过评价要能够增强学生的自信心、自尊心，鼓励学生不断进步。所以，教师对学生的评价应更多关注和针对学生各方面的进步，抓住他们的闪光点。对于有问题行为的同学则引导他们从逐步延长自己犯错误的周期或错误程度的逐渐减轻中看到自己的点滴进步。

（4）教师要关注学生，走进学生的情感世界。

在我们周围常常发生这样的情况：一些年轻教师、尤其是刚从师范院校毕业的青年教师，很受学生欢迎，他们的身边常常聚拢着一群学生。学生有什么高兴、苦恼的事，也愿意向他们诉说。这是为什么呢？原因只有一个，就是他们还没有多少教师的架子，学生愿意把他们当做自己的朋友，愿意向他们敞开自己的胸怀。在教育教学过程中，教师和学生的地位是平等的。教师要把自己当做学生的朋友，走进学生的情感世界，去感受学生的喜怒哀乐。

（5）把握沟通的最佳时机

教师在最佳时机与学生交流、沟通会使建立平等的师生关系的工作起到事半功倍的效果。学生的情感体验如何，与其需要是否得到满足有直接关系。需要得到满足时，便会产生积极的情感体验；得不到满足，便会产生消极的情感体验。当学生最需要爱护、理解、鼓励、安慰和引导的时候，也就是师生情感沟通的最佳时机。一般来说，当学生学习成绩有大的起伏，学生日常行为有显著的变化，学生身体有病，学生父母外出，学生家庭有较大的事件发生如建房、乔迁、亲人病故、父母离异等，都是与学生沟通的最佳时机。

（6）积极的倾听

课堂管理的一个重要任务就是通过师生间良好的沟通与交流，达成和保持课堂中的积极互动的效果，促进课堂活动的有效开展。平等的师生关系是师生之间交流与沟通的前提，而良好的师生沟通又是课堂管理产生效能的关键。教师停下自己正在做的事情专心致志地倾听学生的发言，会使学生感到自己被尊重。这样，师生之间就会形成彼此信任、尊重、接纳、理解的关系。这样，任何教育活动都会使学生产生兴趣和接受性。

教师只有与学生建立平等的师生关系，才能给学生营造出一种良好的、舒心的学习环境。才能使学生真正体会到和自己在一起时的轻松和愉快，才能不断提高教育教学的效率和效能，也才能让自己威信日升。

把握好师生平等的度

我们说，师生之间没有尊卑，只有平等，是立起了平等师生关系才有利于教师威信的提高。但这并不意味着师生之间有“绝对”的平等。教师与学生之间的平等，首先体现在他能够尊重学生，承认师生是平等的，而不是居高临下地面对学生，这基本上成为教育工作者的共识，但是师生之间的平等并不意味着自己全部的、真实的暴露，不等于在学生面前无所顾忌、完全迁就学生。从学生的角度看，学生对老师没大没小，甚至称兄道弟，也不是真正意义上的师生平等。正如学生所说：“我喜欢有距离的爱。我觉得好的班主任应该是站出来有种威严感，但是和他接触，也能说得开。”

如果教师不能正确理解“师生平等”，往往会导致一些始料不及的问题。在我个人看来，教师要与学生保持适当距离，这样可以弥补个人经验的不足。与学生走得太近，很容易为学生所伤。学生一旦觉得与老师很熟，就会认为“自己犯点错误也没关系，既然‘老班’是我好朋友，那么他一定会给我面子，不会在班上出我的丑”。这样，一个学生的问题不处理，类似的错误便会在其他学生的身上接连出现，整个班级就会成为一盘散沙。老师也会觉得很多事情上不了手。会有一种心有余而力不足的感觉，而且自身威信也会越来越低。

教师特别是班主任与学生之间，开始时应保持一定距离，相互适应之后再作进一步的交流。平等并不简单地表现为起点的平等，而是最终结果的平等，是一种沟通意义上的平等。

因此，应把握好与学生相处“六步曲”。

下面是一位优秀班主任与学生相处的经历，我们以此为例来说明。

1. 学生很“怕”我，因为我很严厉，会提出各种严格的要求

很多新教师尤其是新班主任在刚刚走上工作岗位时，容易走向两个极端：或者是与学生完全打成一片，失去了作为一名教师应有的威信；或者是希望学生，怕自己，师生之间等级森严，水火不容，学生有错误，教师动辄训斥，

久而久之，师生之间如同仇人。事实上，学生真正怕的老师并不是一般人眼中的凶老师，因为再严厉的老师，学生与之接触一段时间，就可以基本适应他的语速、语调、面部表情和身体动作。学生发自内心的“怕”实际上是一种敬畏，不是屈服，而是臣服。

下面是一位严厉的班主任在接手一个乱班后处理一个突发事件的经过。

学校的教学楼后面是一个巷子，学生经常将吃剩下的早饭从楼上扔下去，极不美观极不卫生。我发现后，开始着手处理这件事情。

开始，我找来一个学生，告诉他：我看到你今天早上吃什么了，并且楼下巷子里有同样的剩余部分，我已经搞清楚这是怎么一回事（学生觉得有点害怕和惊愕）。接着我来软的，好，没关系，你说还有谁扔了，我找问题更严重的，把扔食物的学生都揪出来，一个也不放过，以免学生觉得老师想包庇一些同学，有失公正。这项工作我要花很长的时间、细致地去完成。

犯错误的人员名单搞清楚之后，我决定给他们一个比较深刻的记忆。我要求所有的人一起去打扫那个巷子，穿得光鲜靓丽的男生和女生一起来到臭不可闻的巷子，清理卫生死角。周围的老师和群众都觉得非常奇怪：为什么中午的时候有这么多衣着整洁的学生，一起在大家避之惟恐不及的臭巷子里劳动，并且里面有好几个身高一米八几的大高个男生。我和他们一起动手，大家都干，这个时候尤其不能偏心，男女都一样。先捂着鼻子用扫帚扫一遍，扫不掉的用铲子慢慢弄掉，实在不行的就动手，直到弄干净为止。每个学生从巷子里出来的时候，都是灰头土脸的，身上发出一阵阵难闻的味道。学生称这是有史以来参加的最脏的一次劳动。

中午打扫完之后，我想“抚慰”一下学生，准备买点东西给他们吃。这时候我发现有些学生没什么事干，就用管子吹珍珠奶茶里的“珍珠”，其中有颗“珍珠”刚好被吹到路边卖馒头的小贩的锅里。我先不吱声，想了想，干脆把那一笼馒头都买了下来。学生笑着问，是不是有“珍珠”的那笼馒头，我说就是的，你们吐哪锅，我就买哪锅，一人一个，不吃也得吃。那几个吹“珍珠”的学生低着头，不吭声地朝嘴巴里塞馒头。我想，类似的事情估计不会再发生了……

这样的突发事件应该对我们会有所启发。

2. 学生有“一点喜欢”我，因为我通人情，以理服人

事情的经过是这样的，本学期初的一个下午，同学们都在安静地认真自

习，只有杨军同学将头抬得很高，注视着另一个同学刘选。我轻轻地走到刘选的身边，发现他正在聚精会神地看着一首诗，我当时问了句：“可以给我看看吗?”他很不情愿地将那首诗给了我，而后两位同学对视了一下，刘选便趴到了桌子上。事后他告诉我，当时自己的想法是：这下可完了，金老师一定不会放过我的。

我走到讲桌前，看了一下诗的内容：“天涯何处无芳草，何必要在二班找。本来数量就不多，况且质量也不高。”想了想，没说什么，把纸条放到了衣兜里，我按兵不动，继续看学生自习。但是刘选坐不住了，他时不时地抬起头偷偷地看看我，等待着我的批评。看了几次后，发现我无动于衷，只好一边开小差，一边写作业。

下课的铃声终于响了，我把刘选请到了无人的机房。刘选耷拉着脑袋，用眼角的余光看着我，我让他坐下，他却哭了，边哭边说：“金老师，我错了，我不该写这首诗，不该在自习课上传纸条，请老师不要在班里讲这件事。”

我告诉他：“如果我想把这件事情在全班抖出来，就不会把你请到这里来了。”他稍微放松了一下，会心地点了点头。“话还没有说完，你得告诉我为什么要写这首诗。老实地说，我不怪你，如果骗我，情况就另说。”

他想了想后，详细地叙述了他与班上一名女同学友好相处到产生矛盾的经过，原来这首诗是他“失恋”后为了发泄内心的痛苦而写的。

我一时间还想不出什么好的方法来说服他，于是按照常理先疏导教育了一下他，就让他先回去了。之后，我把这首诗拿到办公室，坐着仔细考虑，如何妥善、不露痕迹地处理这件事情，毕竟他们还是一群不懂事的孩子……

第二天，我又将刘选喊到机房，拿出这首诗，对他说：“金老师想和你一起将这首诗改动一下，你看怎样?”他爽快地回答“行”，“老师改前两句，你改后两句。”他点头同意。第一句只需改动一个字，将“天涯何处无芳草”改为“天涯何时无芳草”，第二句改为“何必非要现在找”，紧接着他又改了后两句：“本来学业就很紧，况且年龄又很小。”读着这首诗，学生非常轻松地笑了。

随后我告诉他：“十年之后，你要是还找不到女朋友的话，这件事包在我身上！金老师一向是说到做到。”他连声说“谢谢老师”，便心服口服地回到了教室。

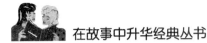

从学生的角度出发，这样的处理过程，顾及孩子的心理特征，充满人情、以理服人，消除了学生与班主任之间的对立情绪和戒备心理，平复了学生内心的波澜，使他们学会了情感上的进退自如，也提升了教师威信。

3. 学生能“接近”我，因为我给过他们帮助

我们班有一部分学生家境很不好，特别是单亲家庭比较多，有些外表看似很张扬的学生其实连学费也交不起。我通过自己的方式私下里去了解他们的情况（做到不让其他学生知道，不伤害他们的自尊心），然后尽可能地帮助他们向学校申请减免学费，将关心和帮助落到实处。

一开始的时候，学生怕我，见到我就躲，有时走在楼梯上都离我远远的。但是经过一段时间相处后，我觉得学生已经能渐渐地与我融洽相处了。

4. 学生“服”我，因为我对学生提出适度的要求

班主任总是会对学生提出很多的要求或者是规定。但是说起来容易，学生却往往做不到，怎么办？说些符合实际情况的，这样学生才会觉得确实是从他的角度出发，切实为他考虑。

学生到初三的时候，会面临一个填报志愿的问题。那时候，我的原则就是从实际情况出发，与学生促膝长谈，分析每个人的性格特点、专长、薄弱环节等等，选择与之相适应的专业和学校，作为他在学校学习、奋斗的目标，并经常给他敲敲警钟，他也觉得老师说的是对的，会诚心接受老师的监督。

5. 学生犯错会主动找我，他们知道我的眼中不能有沙子

在学生经历了由陌生到熟悉，由畏惧到喜欢的适应后，他们和班主任的交往一步步地加深，这个时候会出现两种情况：一是随着时间的推移，学生会放松对自己的要求，有“技巧性”地犯错误。慢慢地，越来越大胆，越来越放肆。另外一种则是良性循环，学生逐渐由表面上的惧怕发展为内心的臣服，自觉地用自己所认同的老师的标准来约束自己的行为。一旦偏离这个轨道，自己会产生负罪感。

6. 我是“学生的朋友”，分担他们在学习上、生活上、感情上的很多问题

开始时学生是畏惧我，随着对我的了解的深入，他们逐渐认同了我，不愿离开我，我们彼此成了朋友，这是建立在长期积累基础上的有原则性的友谊。

下课时，可以对学生的穿着来点儿表扬或者调侃：“今天的衣服搭配得真不错。”学生通常会很高兴。

有的时候，学生的父母在家吵架，学生心里会很难过，第二天到校之后他们会和我聊一聊。我会先征得学生的同意，然后以一种很委婉的方式与他的父母打电话沟通。“清官难断家务事”，对调解好孩子爸妈之间的感情问题，我是心有余而力不足。所以，我的出发点就是希望他们能多考虑一些孩子的感受，把孩子的心理状态真实地展现在家长面前，寻求帮助学生的最佳方式。

鲁迅先生认为，作为一名教师，必须“知道孩子的世界”。他曾经做了一个形象的比喻：“要下河，最好事先学一点浮水功夫。”鲁迅在《我们现在怎样做父亲》一文中指出，要教育好孩子，“开宗第一，便是理解”，因为“孩子的世界，与成人截然不同；倘不先行理解，一味蛮做，便大碍于孩子的发达。所以一切设施，都应该以孩子为本位”。

哲学家雅斯贝尔斯认为，“教育过程首先是一个精神成长过程。”教师主要是从事以心育心、以德育德、以人格育人格的精神劳动。“精神关怀”更深刻、更准确地反映了教师教育劳动的意蕴，体现了教师以人为本的教育精神，表达了对学生的情感和态度。而正因为这些方面，使教师专业化成为一种特殊类型的专业化。了解和研究学生，做学生的良师益友，对学生充满爱心和信任，是搞好教师工作的前提。如果教师处处以尊者形象出现在学生面前，学生将会对教师敬而远之。那么，即使是一个学期、一个学年，甚至是更多的时间，也难以熟悉自己的学生。更谈不上结合实际对学生进行教育了。这样，教师的威信自然可想而知。

正确对待学生意见

教师在工作中难免会出现问题、出现失误，这些都是很正常的，应该允许学生提意见。要认识到这既是在培养学生的民主意识、培养更多的创造型人才，也有利于树立教师威信。

孩子虽小，但他对周围的事物是有想法和看法的，对教师也一样。如果教师能够发扬民主，允许孩子提意见并尊重孩子的意见，师生就能真诚相处，互相谅解，建立起民主平等和谐融洽的师生关系，有利于培养学生独立思考的能力和创造精神。

允许孩子给教师提意见，会小会养成孩子爱挑剔、不礼貌、自以为是等毛病呢？那就要看我们如何引导了。应当要求学生无论意见多么尖锐，必须通过合法手段，诚恳地善意地向教师提出来，也应该适当地注意提意见的场合。而且应当向学生指出，一个人的意见和看法表明一个人的水平，鼓励学生提意见。

当然，教师发扬民主绝不是一切都是学生说了算！还有少数服从多数的组织原则！这一点教师应该向学生讲清楚。作为教师，对于学生的意见，合理的，应该采纳并给予鼓励；需要说明的，就要向学生解释清楚；存在问题的，可以婉转或直截了当地给学生指出来，提高他们分析问题的能力。

学生给教师提意见会不会影响教师的威信呢？实践证明，不会。应当向学生讲明，教师不可能什么都对，也不可能什么知识都掌握。

一个孩子的父母都是报社编辑，他见多识广，聪明过人，但是又傲又淘。一次课上，我讲巴黎公社虽然只存在了 70 多天，但它毕竟是世界上第一个无产阶级政权。这个孩子举手说："我记得巴黎公社存在了 80 多天。"我明明知道是他记错了，但这时绝不能用讥讽和嘲笑的方法来对待他，再说，这个孩子举手并很有礼貌地提出了自己的不同意见，至于提的对与错，那是另一回事。于是，我心平气和地说："你回家再查查资料。"第二天，他在课堂上当众承认："巴黎公社是存在了 72 天，是我记错了，我回家查书了。"他说话时，态度诚恳，还有点不好意思。我却说：“你对学问的研究态度是认真的，这种认真的态度很值得大家学习。”后来，他的父亲见到我说：“我这个孩子很任性，但他很服你。”

实际上，让孩子怕教师达不到教育孩子的目的，因为孩子是压不服的。想通过“整”或“压”使孩子服管的想法是教师不科学的心理需要，不是孩子的心理需要。教师说的做的得让学生服气，要做到这一点，首先得把孩子看作是一个“人”，一个有头脑、有思维能力的人。

万平老师在上课时，用做菜加作料的例子给学生讲道理，讲在兴头上，顺手在黑板上写出了板书“佐料”，同学们不由得互相对了对眼神，老师把“作料”错写成了“佐料”，自己还没有发现，于是一位同学就写了一张小纸条，夹在作业本里，交了上去。

第二天，一上课，老师就对同学们说：“昨天我把‘作料’写成了‘佐料’，咱们班的李恺同学给我写了一张纸条，纠正了我的错误，我要和同学们一样，把错字改过来抄三遍。”谁知老师因为工作忙，并没有把“作料”抄三遍，这个同学干脆又交了一张纸条，指出老师说到没做到。上第三节了，同学们一起回班，一进门就看见讲桌上有一张纸条，上面写着“作料、作料、作料”，而且是用学生字体写的，没有连笔。上课了，老师对同学们说：“昨天，我答应大家要把‘作料’这个词抄写三遍，可是我忘记抄了，今天，我把它补上了，因为我不能失信。我得说到做到。”说完，给大家鞠了一个躬，然后，把这张纸条举给同学们看，最后把它郑重地贴在了黑板的左上角。顿时，孩子们激动了，提意见的孩子说：“老师，您真伟大，您不愧是我们的好老师！”

一下课，班上的一个“淘气包”大声说：“老师真够意思！赶明儿我写错了字，也抄三遍贴在黑板上。”“那不把黑板贴满了？”“哈哈……”同学们笑了，老师也笑了。

教师接受了孩子的意见，纠正了自己工作中的失误。孩子感觉到了教师对自己的尊重，激动得直夸老师“伟大”，师生关系和谐到这个程度，多么好的一种状态。这不仅有利于顺利地进行教育教学活动，更重要的是激励孩子成长为“主人”。可见，正确对待学生的意见，在学生面前公开承认自己的失误或不足，可以起到提高教师威信的效果。

剔除“教师霸权主义”

我们来看下面这个案例：

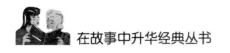

学校少年团校要求初一年级每班推荐两名优秀学生为少年团校成员。班级学生个个要求上进，都希望自己能被第一批吸纳为团校的成员，“僧多粥少”，两个名额怎么分配呢？我根据新学期以来同学们备方面的表现，在经过深思熟虑后，打算把两个名额给雪和星，并作了私下告知。当雪和星希望填写推荐表时，为慎重起见，我说得让全班同学知道并认可这一决定。

事情还没公开，班上已传得沸沸扬扬：老师把两个名额给了雪和星，我们都没有指望了。

磊到办公室说：“老师，我想知道班上的两个名额您打算怎么分配？”

“经过认真斟酌后，认为雪和星各个方面的表现都十分优秀，打算把名额给她们两人。你认同吗？”我征询磊的意见。

磊茫然地点点头。

“你也是很有竞争力的学生，下次再争取，好吗？”

“下次机会是什么时候？”“大约要等到下学期了。”

“哦！……老师，再见！”

我一口气还没喘过来，娟一阵风似的进了办公室。“老师，我想知道您把两个名额给了谁？为什么？”明显的责问。

“老师打算把名额给雪和星。”

“您征求过我们全班同学的意见了吗？您这样做，对吗？您知道我们会怎么想吗？”连珠炮式发问后，声音哽住了。

“哦！让老师再想想。”

……

万万没有想到我的自作主张，会招来如此强烈的不满、抗议，在无奈的背后是一种深深的伤害。一天后，我向全班同学作了检讨，包括磊和娟，当然也包括雪和星。推荐活动也按照同学们民主讨论的方案有序进行。

在传统的师生关系中，教师处于绝对的权威地位，“师道尊严”在教育者的思想中是那么根深蒂固，以至他们习惯于向学生发号施令，学生只能是被动的接受者，有意见也只能保留，这就是“教师霸权主义”的表现。这种行为严重损害了老师威信。教师以自己的“霸权主义”观念指导下的行为，剥夺了很多学生通过公开、公平的竞争获取证明自己、锻炼自己、实现自我的机会，诸如担任班级干部、参与文体活动、参加各类竞赛、获取“三好学生”荣誉等。此外，在学校的日常管理、教师的教学行为、对学生的评价中，教师的“霸权主义”也是无处不在，在它的背后不知道又有多少纯净的心灵受到伤害。育人者无视“面向全体”、“以学生为本”、“尊重学生成长中自我实现的需要”等要求，把自己的意念强加给学生，使“建构民主、平等、和谐的师生关系”成为一句空喊的口号，结果“赢得学生的信任和尊敬”也只能是育人者的一厢情愿，教师的威信自然无从谈起。

观念是行动的灵魂。陈旧落后的师生观念必然导致“教师霸权主义”行为的泛滥。广大学生民主、平等、自主意识的觉醒，使“教师霸权主义”再也没有了市场。新课程改革必须以更新教育观念、确立先进的教育理念为首要任务。作为一线的教育工作者，更新教育观念不能只停留在学习认识的层面上，更需要把“新理念”真正落实到日常的教育教学行为中去。看到育人者敢于向学生承认工作中的失误，倾听学生的心声，悉心听取学生批评。反思自己的教育行为，及时调整工作的策略方法，这样才能树立教师应有的威信。

要善于“笼络人心”

一个有威信的教师除了勤练“内功”，具备真才实学外，还要掌握必要的教育技巧。比如，要学会“笼络人心”。

我们来看下面这个案例：

我最近接了一个新班，这个班级很乱，原来的班主任是中途辞职走的。学校领导找我谈话，我只能仓促上任。我现在心里很急，因为我接手这个班已经有一段时间了，可是班级的面貌还是没什么起色，学生的纪律照样很差，不读书的学生有很多。我很矛盾，因为要是管他们吧，他们明显对我有逆反心理，虽然表面上不跟我对抗，但是背地里说我的坏话；我要是不管吧，领导对我又很信任，任课教师那边给我的压力也很大。我一点方向都没有。

班主任接手一个新班，第一件要做的事情是什么？不是整顿班级面貌，不是处理问题学生，不是马上显露政绩，而是想办法和学生处理好关系，尽可能“笼络人心”，让他们接受你，喜欢你，尊重你、爱戴你。和学生的关系搞好了，后面的工作想不顺利也难。对于学生的逆反情绪，班主任一定不能心急，要通过各种工作让学生理解自己，接纳自己。

我们学校曾经有一位班主任工作不是很好，班级有些乱，学校决定在学年结束后调整班主任。不料这个班的学生知道之后联合起来对抗学校，不同意新的班主任带班，因为原来的班主任比较松，而新的班主任比较严格。后来学校做了大量工作，仍然坚持原来的安排。新的班主任龙老师上任之前找到我，问我有什么建议。我说，这个班的学生现在对你有些敌意，因此，你接班之后，一定要避免批评他们，哪怕他们的确表现很糟，你都要忍住。你现在最重要的事情就是4个字：“收买人心”。

龙老师果然按照我的建议去做了。两个星期之后，我再次见到他，问他情况如何，他说，学生在宿舍里议论，龙老师不像传说中的那样凶嘛，挺好的一个人。我说，好，你成功了一大半，继续努力！一个月之后，龙老师召开了班级学生的家长会，会上绝大部分家长都表示了对他的初步认可。家长会后，他对全班同学说，如果这次班级期中考试的成绩比上学期有进步，他就利用周末组织全班同学外出游玩。学生很振奋，期中考试果然取得了非常出色的成绩，全班快快乐乐外出游玩了一次，这个班级从此走上了正常轨道。

由此可见，只要跟学生感情融洽了，一切都不是问题。当然对于不同的学生，笼络人心的方法也不同。但是小学生也好，中学生也好，都是感情的动物，而不是理智的动物。他们常常知道什么是对的，但是支配他们行为的，更多来自于情感的因素。因为喜欢一位老师而喜欢这门学科，因为敬服一位班主任而好好读书，因为被一位老师感动而从此改邪归正……这样的例子不胜枚举，班主任如果懂得这个道理，就不会出现因学生的逆反生气而导致师生对立的情形。

笼络学生的方法很多，大体有以下几种：

（1）学生无助的时候多关心。学生生病回家了、住院了，班主任一定要亲自去探望，再忙也得去；学生和他人闹矛盾了、心中苦恼，班主任要及时帮其排解；学生成绩下降、心中着急，班主任要及时帮他分析原因，并且设法帮他补课。

（2）多表扬少批评。任何人面对批评的反应总是抗拒，听到表扬总是开心。班主任经常当众表扬学生可以赢得学生喜爱，对于犯错误的学生宜私下婉转批评，批评的时候一定要注意照顾学生的面子。

（3）树立自身威信。有人格魅力的教师自然让学生敬服。教师如何树立威信？李镇西说，上好课、不拖堂就行了。这话很有道理。通常来说，教师有良好身教，做事公正公平，一定会赢得学生之心。

（4）多关注学生个体。人人都有被关注的需要，教师能记住学生的生日，说出学生曾经取得的每一个进步，都会让学生感动。学生觉得某个教师是真心对他好的，自然也会亲近这位教师。

（5）增强集体凝聚力。一个有凝聚力的班级，班主任自然深得人心。班主任要积极参加学生的各种活动，尤其是各类比赛，在师生共同努力取得成功之后，那种师生间的感情，别提多浓了。

（6）偶尔也可以学一学历史，借鉴一下“曹操赤脚迎许攸”、“刘备假意摔阿斗”的做法，也会产生不错的效果。

总之，善于笼络人心，对教师树立威信有益无害。

学会与学生促膝谈心

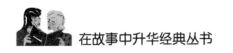

谈心是班主任帮助学生消除心理障碍、解决思想问题的一个重要方法。成功的谈心，有助于班主任提高在学生中的威信。因此，教师或班主任须慎重地对待谈心。

通过长期的班主任工作实践，我觉得谈心成功的关键在于班主任能根据学生的心理特点，启迪学生的觉悟，激发学生内在的积极性。

首先，谈心时要选择一个合适的地点，以便为学生创造一个有利于消除心理障碍和促使其思想转变的合适环境。我们常在教室附近与学生谈心，这种谈话是在众目睽睽之下进行的，因此谈话的内容对其他同学应没有隐瞒的必要。如期中考试后，为帮助同学分析情况、总结成绩和提出问题而进行的大面积谈话就属这一类。有时谈心的目的不仅要教育该同学，还要教育其他同学，而且问题比较简单的，像学生经常迟到等，也可以当着其他同学的面，将其叫出，在教室附近交谈。如要解决一些需要保密的个别问题，或利用谈心了解情况，则可以在课余与学生相遇时边走边谈。这样旁人看来像是闲聊，无法猜测谈话的内容。而要处理比较严重的思想问题，如有的学生对教师不尊重，上课时故意戏弄教师等，就必须在办公室里坐下来谈，以便提供较长的时间和形成较为严肃的气氛。有时老师没有做好准备，谈心更不宜当众进行。

有一年，我担任班主任的高一（2）班刚选出了班干部，第一次开干部会议时，一位同学就提出："进入高中后，不愿再当干部了。"他的态度使我和在场的同学都感到愕然，而当众做他的思想工作不一定奏效，弄不好，还会产生副作用。因此，我说："对×××的态度，我感到很意外，可能有什么情况，让我再了解一下，同时请他也再考虑一下，我们以后再谈，会议继续进行。"事后，通过谈心解决了他的思想问题，他担任了班级主要干部，工作很努力，教师的教育作用得到了体现，其他学生也受到了教育。

高中学生比较敏感、思想单纯、敢想、敢说、敢作、敢为，但容易偏激，容易摇摆，思维的片面性较大。他们很热情，也重感情，他们往往过高地要求别人理解自己，受不得半点“委屈”。因此，谈心前，教师一定要做好准备，首先要了解情况，实事求是，不能道听途说，知道一星半点就下结论。在谈心过程中，还要不断了解情况，防止主观臆断。切忌乱训一气，更不能为维护自己的威信而发脾气。其次，谈心前教师要心中有数，通过谈心要了解什么，解决什么问题，达到什么目的，思路要明确，而不应该谈到那里就那里，更不能东扯西拉，使学生感到茫然。如遇了解的情况与事实不符或是自己的观点有必要重新考虑时，谈话应停止，等核实情况后再继续。

有一年开学报到时，我请几位女同学帮我一起收费开收据，最后结账时，少了64元，我仔细分析了一下，差错一定发生在交费最拥挤的时候。根据开出的收据，又请在场的同学进行回忆，很快找出了怀疑对象，在找她谈心前，我分析了情况，觉得这不能作为这个学生的思想问题来谈，是我们工作上的忙乱，使她产生了一闪念的错误想法，应该鼓励她从速改正错误。因此谈心时，将这作为基本观点，我把了解调查的情况告诉了她，又诚恳指出，每个人都可能有一闪念的错误，只要及时改正就好。使这位同学既感到了压力，又感到了老师的理解，第二天，就交出了64元钱。

班级中，几十名同学来自不同的家庭，由于遗传、素质、环境、教育的不同，形成了他们不同的气质个性。谈心要取得成功，还必须根据同学不同的个性特点进行。谈心时，性格内向的往往沉默不语，但不一定不接受你的意见，此时不要硬逼他口头表态，以免形成谈话的障碍，可以让他考虑一段时间，有些小问题，还允许他保留看法，但要求他行动上服从整体。性格外向的，你不能轻易相信他口头上说的，他过早表态，并不说明他对问题已认识清楚。因此，即使他表了态，你也要把问题分析清楚。如说：“你的态度很好，不知现在你和我的看法是否相同，我的看法是……”或者让他再谈谈原来的想法和现在的想法。

有些同学，特别是女同学，对老师的评价特别敏感，谈心时态度要和蔼，要注意遣词用语，不要把话说过头，为了减少这些同学思想上的压力，还可以先谈成绩优点，甚至可在谈话中帮助她整理整理衣领等，用一些亲切的动作，消除她患得患失的心理障碍，把精力集中到所谈的问题上。

有些同学素质较差，对老师的批评无所谓，对自己的问题轻描淡写，班主任谈心前要做好充分准备，做到有理有例，谈话要十分严肃。

班内一干部在分发电影票时，将位置好的票挑出来分给关系好的同学。开始他认为才几张票，而且自己拿的是差的，这种小事“用不着讲”。我向他指出这实质上就是以权谋私，达到讨好一些同学的目的，还是为了自己。接着我告诉他，为这件事，班级里三分之一的同学在周记上提出了意见，有的同学还反映他经常把班级里的报纸占为己有，分配劳动任务时，严重不公等。使他感到了问题的严重性，我向他指出，如自己不认真对待，同学不会谅解。最后，他提出，要通过黑板报向同学道歉。

对性格急躁的，要以柔克刚。问题提出后，可以让他先说，即使他暴跳如雷，你不动声色，让他说完后再谈，这些学生情绪容易偏激，对他过激的言词不应计较，如形成僵局，可停止谈心，让他考虑一下，以后再谈。而有些同学对自己要求严格，则响鼓不用重槌。谈心时为表示老师对他的高度信任，问题点到就好，不宜多讲。有时还可以从相反的角度来谈，如说：“我知道你很难过，事情已经过去，认识清楚，吸取教训就好了。”

中学生十分在意班主任对自己的态度。他们的想法在很大程度上是以老师对自己的情感流露和情绪反应为转移，谈心时，如果老师给学生以热情关怀，让学生切实感到老师对他的爱，那么，学生就容易接受老师对他的教育；反之，在谈心中，如果老师流露出对学生讨厌、遗弃的感情，则会严重挫伤学生，使学生产生抵触情绪。因此，谈心时老师一定要尊重、爱护学生。较长时间的谈心，切忌老师坐着，学生站着，使学生心理受到压抑。千万不能用侮辱、挖苦的话语，更不能揭发学生的隐私。如：“我已经了解了，你初中留过级”，“班级里有你这样的学生，真是倒霉”。对学生要一视同仁，不要将好学生与差学生进行强烈对照。如说：“同样一个老师教，为什么×××每次考试都在90分以上，你却只考……”总之，不能一味埋怨学生，要让学生看到希望，树立信心。

班主任在与学生谈心的过程中，学生的心理状态也在不断发生变化。因此必须密切观察学生的表情，了解学生的反应。要善于抓住谈话中最为学生接受的一点，将这作为转化的关键，因势利导。如×××同学因一些小事与同座的同学闹矛盾，要求调座位。我说：“你们没有原则分歧，一些小事应多作自我批评，同学之间要相互帮助。因这种原因调座位，影响不好……”他不动心，但后来我说：“给你调个位置很容易，但你与同坐的同学因一点小事都处不好关系，将来到社会上怎么办？”我发现他动心了，抓住时机接着说："将来踏上工作岗位后，总不能动不动就调动工作吧，与人相处中也有一种能力，你现在不应回避矛盾……"听完，他欣然同意不调座位，以后与同学关系也改善了。

有些问题，靠一次谈心是不能解决问题的，要做有心人，抓住时机，反反复复地做工作。一学生与继父的关系很紧张，母亲要求老师帮助做工作。第一次谈心时，学生很激动，举了许多例子，说父亲对他看不顺眼，常有意找岔。最终使谈心根本无法进行。后来我了解到他弟弟是后父生的。再与他谈心时我问他："你父亲对弟弟态度怎样?"他说："一样的。"我接着说："看来你父亲的脾气比较急躁，态度比较生硬，这是性格问题，你们要多谅解，不要对父亲有成见。"学生似有所悟，后来他报名参加了摄影小组，父亲给他买了一个海鸥照相机，我知道后对他说："看来父亲对你还不错。"他笑了。

中小学生还很稚嫩，自持力、毅力还不够，因此，我觉得谈心后还要做大量的工作。检查谈心的效果应是一个重要环节。检查的方法：可以观察学生的行动，向周围同学了解情况，也可以进行第二次谈心，再听听学生经谈心后的想法。还要帮助学生创造条件，以便他能在认识清楚的基础上行动起来。一学生在宿舍里对集体不关心，做值日马虎，同学意见很大。谈心后他有了改正的想法，接着我与他宿舍的室长商定，安排他一定的任务，并加强督促、鼓励，给他提出了适当的要求，使他觉得有改正的机会。这使谈心不只停留在师生思想认识上的统一，而迅速成为学生行动的动力。

总之，教育学生是一项十分艰苦细致的工作，与学生谈心更是一项复杂工作。但是这是对学生进行心理疏导和做学生思想工作的重要手段，也是教师树立威信的重要手段。下面的谈心方法值得班主任和教师在实践中参考。

1. 激励法

所谓激励法就是在谈话中要善于发现和肯定学生的长处，从而培养学生的自尊心和自信心，调动学生的积极性，激励他们向新的目标前进的谈话方法。这个方法特别适用于班上那些较差的同学。这种学生往往较胆怯，易自卑，所以在谈心中不宜刺激他们，而是想方设法加以鼓励。例如：

我班里有个女同学，由于学习较差，总有点自惭形秽，整天蔫蔫的，抬不起头来，更谈不上主动为集体做点什么事。我全面分析了这个同学的情况，并了解到她唱歌不错这一特长，于是，我找她谈话便从唱歌入手，于是话便多了起来。我鼓励她要努力发挥自己的特长，在学校组织的红五月歌咏比赛中让她领唱。这样她在同学中开始产生了影响，精神也逐步变得开朗了。再经过几次谈话，她逐渐变了，自信心增强了，学习也努力了。在高三文科班第一次期中考试时，她的名次在70人的大班中排在第九名。

2. 抑扬法

抑扬法是为了平衡被批评者心理状态采取的一种谈心方法。

有先扬后抑法和先抑后扬法两种。先扬后抑法就是对被批评者先谈他的长处，然后再批评他的短处。这种方法对那些与教师关系比较紧张、对教师比较生疏甚至有些抵触的学生最适用。他们最怕教师有偏见。你一旦肯定了他的某些长处，他的心理就会得到一些满足。你的批评也就能听进去了。

先抑后扬法就是开门见山，直截了当地指出不足，进行尖锐批评，然后再帮他分析有利因素和自身优势。这种方法适用于与老师关系较好的、心胸比较豁达的同学。

抑扬法也就是两点论，一分为二地看问题，这样的谈话能心平气和地分析问题、解决问题。例如，一次我班与外班赛足球，一个同学与外班同学发生了口角，继而动了手，事后受到领导的严厉批评，这个学生不服气，因为他也占点理，又为了集体荣誉，觉得委屈。我找到他，首先肯定了他有理的地方，同时指出了他做法上的错误。这样谈，他心服口服，问题也就解决了。

3. 主客法

主客法就是在和学生谈话时要注意选择环境地点。也就是要选择那些适宜说服人的环境地点，要以我为主。著名心理学家拉尔夫曾经做了一个试验：把一群学生按支配能力——即影响别人的能力，分成上中下三等，然后每等各取一部分组成一个小组，小组中的一半安排在支配能力高的学生寝室里，一半安排在支配能力低的学生寝室里。拉尔夫发现，讨论的结果总是按照寝室主人的意见行事，即使主人是低支配能力的学生。由此可见环境是何等重要。教师谈话也要善于利用这种环境优势来说服学生。所以，我与学生谈话时，就把学生请到家里来，充分利用居家优势。这样做，往往收到不错的效果。

4. 间接法

一般说来，谈话都是师生间的直接交谈，但有时也可以间接地进行，找一个学生最信任的同学或老师去跟他谈，这样也可收到奇效。心理学家哈斯说过一段非常有道理的话："一个造酒厂的老板可以告诉你一种啤酒比另一种好，但你的朋友，不管是知识渊博的，还是学识疏浅的，却可能对你选择哪一种啤酒具有更大的影响。"这就是人都具有相信"自己人"的潜在心理。

有一次，班上要组织报名参加运动会，一个男运动员扬言他不报名，怕耽误学习。听到这个情况后，我有意识地通过他的一个好朋友去作他的动员工作，果然他报了名，而且取得了较好的成绩，为集体争取了荣誉。

5. 缓冲法

有时与学生谈话会遇到困难，这时我不靠班主任的权威强加于人，而是作适当的让步，说一些诸如"我理解，我在你这么大时也……"或"也许我处在你那样的情况下，也会冷静不下来，甚至不如你……"之类的话。设身处地为学生着想，这样你尊重了学生的感情，学生也会尊重你的谈话。让一步是为了进两步，是为了解决问题。如果这样还不行，谈话越来越激烈，这时就不要急于求成，缓冲一下气氛，转移一下话题，找个台阶下，暂时停下来，找机会再说。我曾就一个比较棘手的问题，找一个学生谈了三个晚上，才算解决了问题。

6. 暗示法

对中学生的早恋问题，回避不得。班主任要正视这一问题，更要正确对待、正确处理这一问题。所以找学生谈话时也不能像别的问题那样单刀直入。这样的问题，学生是上瞒家长、老师，下瞒同学，更反对老师在班上公开讲，对老师不分场合地公开他们的秘密十分反感。要正确处理好这类问题，需要老师选择适当的时机，用暗示的方法，在不伤害学生感情的前提下，引导男女同学正常交往。

我班一个男生在一段时间内精神恍惚，不大合群。继而我发现这个学生的来信较多，有时一周两封，信封字迹一样，没有发信人地址，只写"内详"字样。经过几个老师分析，认为他有可能是在谈恋爱。于是我找他谈话，不直接指责他谈恋爱问题，而是举了已经毕业的两个不错的同学的例子，他们就是因为陷入早恋，而使学习成绩下降，以至高考落榜，痛悔不已。他听了后似有感触，主动把他交朋友的事跟我说了，我答应给他保密。以后他的心情逐渐开朗起来，学习成绩也明显上升了。为此，他很感激老师在帮助他解决问题的同时，不使他丢面子，也没有引起同学的议论。

7. 反复法

思想工作要反复做，甚至是不厌其烦。我的班上有个十四岁的男生，按正常年龄来讲，他应该念初二。在十六七岁的高中生中间，他处处像个孩子，不懂规矩，不能约束自己。上课时脖子上像装上了个轴，自习课时，椅子上像是铺满了蒺藜。对这样的学生，我采取的方法是，每次谈话时间不长，但次数频繁，谈一次解决一个问题，不怕他反复，在反复中发现他的进步，边批评边鼓励。两年来，我与他进行了三十几次谈话，终于使他有了明显的进步，自制能力也大大提高了。

8. 自责法

所谓自责法，就是教师在失误时，要勇于向自己的教育对象承认错误，进行自我批评。教师非圣人，在工作中出现偏差是难免的。关键是在出偏差后，万不可自以为是，否则将会处于被动地位，失去学生的信任。例如，一次晨检中一个学生迟到了，正值学校进行纪律教育，于是我在班上狠批了他一顿，并扣上了“无组织、无纪律、自由散漫”的的帽子。后来，这个学生找到了我，委屈地说，早上他打针去了，不愿耽误上课时间。了解到真相后，我做了自我批评，并在班上做了说明，挽回了影响。学生颇受感动。所以在与学生谈话中，自责亦很重要。

掌握师生沟通的技巧

沟通，对于师生交往来说，是必不可少的。顺畅而有效的师生沟通，能帮助教师更好更快地在学生中树立威信。

我们说的沟通是心灵上的沟通。能不能做到这一点，陶行知先生是这样告诫我们的：“我们必须会变小孩子，才配做小孩子的先生。”也就是说，我们要和孩子有一样的想法、看法，有和孩子一样的喜怒哀乐，和孩子有心与心的交流，这才是心灵上的沟通。只有这样，你才懂得孩子为什么事情而激动，为什么事情而苦恼，为什么事情而兴奋不已，为什么事情而废寝忘食。同时，也会发现他们的创造力是多么的出乎你的意料，他们的内心世界是多么的丰富多彩，他们的思想感情是多么的真挚赤诚，他们的兴趣是多么的广泛，他们对自己的爱好是多么的痴迷……当我们真的用心置身于孩子中间时，连我们自己也变得纯真起来。只有在这种情况下，我们才可能与孩子有共同语言，我们实施的教育才可能发挥作用。

沟通的方法之一是以朋友似的平等身份与孩子聊天。

我时常跟学生聊天，一天上操前，我对一个淘气包开玩笑说：“这几天，我觉得你挺消停，怎么变得这么老实了？”他一听，立刻微笑着做了一个很绅士的动作，微微弓下身，把右手放在胸前，说道：“承蒙您夸奖，鄙人不胜感激，您多多栽培！”我听后哈哈大笑，说：“你才四年级，说话竟出口成章，这么振振有词，少见，少见哪！”我们谈得十分投机，招来许多同学一起聊。这样的聊天，孩子觉得对他们是一种尊重，客观上也起到增进师生感情的作用。聊天时老师不会有课堂上的威严，学生在和老师亲密的交谈中能够说出自己的心里话，敢于提出自己的要求，谈出自己的看法。老师也能够从孩子的话中了解许多情况，使自己的工作更加有的放矢。经常和孩子在一起，就会理解孩子，遇事也不会大惊小怪。一天中午吃饭时，一个孩子吃完了，说了句：“土耳其浴池。”话音刚落，三个正在吃饭的淘气包不约而同地唱起来：“鸳鸯茶呀，鸳鸯茶呀，你爱我呀，我爱你呀……”开始我一愣，莫名其妙，怎么回事？再一想，噢，这是《虎口脱险》电影中对暗号的情节，也就不以为然了，平静地告诉他们："接着吃饭！"三个人又马上埋头吃了起来。如果不理解孩子，就会认为他们不正常或者是恶作剧。

要想做到和孩子达到心灵的沟通，很简单，就是心里有学生。我们的心里每时每刻都在期盼着孩子的进步，每时每刻都在等待着孩子的成功，每时每刻都在关心着孩子的情绪，每时每刻都在寻找着孩子的闪光点，每时每刻都在了解着孩子的愿望和需求……

和孩子们一起活动，包括少先队活动、班级活动、课间活动等。活动前，师生一起商讨活动的设计和活动的准备；活动中，师生共同参与，一起经历活动的过程；活动后，共同总结活动的收获，分享活动的欢乐。这是学生终生难忘的。学生在活动中能够显示出个人的智慧才能，在活动中，老师特别能够起到指导者的作用，得到孩子们的信服和喜爱。

如果教师有和孩子沟通的愿望，就会创造出无数的与孩子沟通的渠道和方法。我和学生进行沟通的方式是多种多样的。比如，通过学生记分册上的评语，通过给学生作文和日记里的批语，通过学生自制的个人"闪光卡"上写的"老师眼里的我"的栏目，特别是我和学生互赠的新年贺卡与生日贺卡以及毕业留言等，都成为我们师生之间、同学之间进行情感交流、心灵沟通的很重要的方式了。就是对待一年级的孩子，我也是非常认真的。

有一次，我请一年级的学生家长来班里听课。一位家长看到自己的孩子在班上做题虽然很慢，但老师也一直耐心地等着他做完，再进入下一个教学步骤。这位家长很受感动。第二天他让学生给我带来一封信，在学生写作业的工夫，我打开信来看，当我看见他写道"您真不愧是一名共产党员"时，马上解释说："你爸爸误会了，我还不是共产党员。"同学们一听我还不是党员，都惊讶而失望地说："哟——您不是啊！"接着，就有孩子举手，对我说："您写入党申请书了吗？"我说："写了。"她认真地又加了一句："您最好再写一份交上去，万一人家忘了呢！"我说："党组织不会忘记的。不过，为了表示我的决心，可以再写一份。"另一个孩子说："您要严格要求自己。"我听后，觉得这是孩子对我的真诚关心和帮助，所以我认真地告诉他们："我是在严格要求自己，我在努力工作，用实际行动争取入党。你们看，教室前边的'好好学习，天天向上'的大字，是我在这个星期日来学校加班写的剪的，我不但给咱们班剪了，还给别的班也剪出来了。你们看，我的手指都被剪子磨出泡来了。”孩子们听后，不约而同地鼓起掌来。他们要求我什么时候入党了，一定把喜讯告诉他们。我答应了。不久，我入党的愿望实现了。我也守信用告诉了他们。他们欢呼、鼓掌，说：“祝贺老师！”紧接着还说：“您要再接再厉，戒骄戒躁，争取更大的进步！”我发自内心地说：“谢谢！谢谢大家对我的关心和鼓励，我一定记住大家的话，好好工作，不断进步，争取做一个好老师，争取做一名优秀党员。”我感到，我和孩子们真的像朋友一样，我们互相为对方的进步而高兴，我们互相真诚地关心着对方。我也从这些真挚的关心中获得了幸福和温暖，从中汲取了智慧和力量，当然，也树立起了自己的威信。

“民主”与“专制”相得益彰

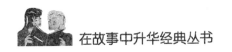

一个有威信的教师理当是一个具有“民主”精神的教师，一个有威信的班主任理当是一个有“民主管理”思想的班主任。民主，是我们这个时代的特征和社会发展的潮流。

但是，光有民主是不够的，一个教师和班主任要想树立和提高自己的威信。就必须“两手抓”，让“民主”和“专制”相得益彰。

我们来看下面这个案例：

在高中担任班主任，常会遇到这样一些问题：学生似乎不像初中生和小学生那样买老师的账，他们不再随意表态同意老师“为你好”的说法，一项在班主任看来是有益的举措往往在班级执行不下去，为班级辛苦操劳的老师常常受到学生负面的评价，学生似乎更加善于利用网络武器对付自己的老师……这些问题给班主任工作的顺利开展带来了很多困难，很多班主任在班级管理中往往陷于“硬也不是，软也不是”的两难境地。

究其原因，不外乎两点：学生的价值标准是多元的，教师的价值标准是单一的；学生的诉求世俗而不自知，教师的诉求也世俗而不自知。于是，对老师而言，在班级管理中就牵涉怎样处理“宽”和“严”之间的关系问题，也就是“民主”与“专制”之间的关系问题。

当代学生大体上没有受到良好的民主教育，故大多缺乏真正的民主精神。在他们的成长过程中，家庭教育大多走过了一条曲线：幼儿期放任自流，童年和少年前期严加管束，少年后期和青年初期软硬兼施或放任自流；学校教育表现为小学、初中阶段采取强制教育，高中阶段采取淘汰教育；社会教育则表现为由穿上外衣的社会教育渐渐地向裸体的原生态的社会教育过渡。

那么，他们所受的教育是专制的吗？答案有一点。幼儿期放任自流的家庭教育造成了孩子规则意识的缺失，也造成了孩子是非观念的缺失。小学和初中阶段严加管制的家庭和学校教育，由于很少有一套具体细致的规则体系和育人目标，造成了学生与家长和老师之间的矛盾。他们沉浸在对幼儿期

“美好”经历的回忆中：孩子说我的童年是多么快乐、自由；家长说我们的孩子小时候是多么可爱；老师说这些孩子小时候一定不是这样。“严”字当头的家长和老师们渐渐发觉，随着孩子的一天天长大，“严”已经不管用了，孩子已经“压”不住了，但是好在孩子也初中毕业了，到了高中，孩子也该懂事了，就不用家长和老师操那么多的心了。

可是高中教师却叹息：现在的高中生素质真是差，不会学习，不会劳动，不会感恩，不会自制，甚至于不会玩耍。高中生怎么评价自己呢？大致描述如下：我已经大了，你那套我已经很烦了，不要再拿管小学生的一套来管我，该怎么做我心里有数。你们所有的教育不就是要我多考几分吗？我只要好好学习，一定能满足你们的要求，不要老在我面前唠叨；我怎么处处不如别人啊，学习不好，长得也这么难看；我虽然学习不好，但是我在班级的人缘还是很好的；我将来是要上大学的，现在不能这么浪费时间……显然，学生和老师之间存在着认识上的鸿沟。

民主意识较强的老师从尊重学生个性出发，在班级管理中充分听取学生的意见，对于违反校纪校规的学生，倾听他们的解释，相信他们的陈说；对学生关于老师的负面评价，采取有则改之、无则加勉的原则；尊重学生反对有事就找家长的心理；对学生采取赏识教育，批评学生也一定是和风细雨式的，绝不用有伤学生自尊心的语言；在学生与任课教师发生争执的时候，尽量做到一分为二、不偏不倚；在与学生交往中总是平等对话，绝不把自己的意志强加给学生……这样的老师管理班级会出现什么样的结果呢？一言以蔽之：把学生“尊重”得不成样子了。纪律涣散、环境混乱、人心不齐，是这种所谓“民主治班”的必然结果；管理不力、性格软弱、效果太差，不堪重任，是学生对这种老师的总体评价；讨好学生、迁就学生、不善治班，没有作为，是任课老师和学校对这类班主任的总体印象。这样的“民主”岂不是疤子眼照镜子——自找难看？这样的教师又岂有丝毫威信可言。

种种情况表明，教师在行使国家赋予的教育权力的时候最常用的手段应该是“专制”而不是“民主”。但是，这里的“专制”之所以被加上引号，是因为它不是传统意义上的“家天下”、“一言堂”式的专制，而是在民主精神光辉照耀下的“专制”。“专制”的产品恰恰是“民主”而不是奴性，这需要教师首先是有民主思想的教师，是对自己从事的教育事业和自己的教育教学手段充满自信和智慧的教师。

首先，作为班主任，我们应该充分认识到学生的散漫、懒惰和拒绝管束不是出于对自由和民主的追求，而是意志薄弱、没有理想、自私自利、缺乏规则意识和责任心的表现。民主的概念到了高中生那里是“我主”，自由的概念到了高中生那里是“老子天下第一”，随心所欲，想干什么就干什么。他们没有认识到自由是规则范围内的自由，民主是为大多数人也是为自己谋福利的民主。孔子倡导“己所不欲，勿施于人”，现代社会更应该倡导“己所欲”也未必就可以“施于人”。当我们向学生灌输这些做人理念的时候，必须采取“专制”的手段，不必尊重所谓的“个性”，否则就会把他们“尊重得不成样子了”。

其次，我们应该充分认识到每一个学生从他们的切身利益出发，是需要管束、渴望管束的。

他们正处在成长的关键时期，他们自知会经常说错话、做错事、走弯路，甚至会犯不能原谅的错误，因此他们的内心是需要有人理解、有人提醒的，他们渴望有人拉一把、扶一下，特别是在迷惘或困惑的时候，有人能给他们指明方向。如果没有别人的约束和管教，他们深知是长不大、走不好的。

第三，我们必须坚信强力的教育必然能够产生强力的效果。教育不是万能的，但是没有教育是万万不能的。“严师出高徒”的古训在当今社会里仍然有着不可估量的价值。我们在学生面前败下阵来，往往不是学生太厉害，而是我们太胆怯了。很多时候只要我们再坚持一下，学生就会跟我们走。

第四，我们应该在行使班主任权力的时候，明确地认识到为了捍卫教育的尊严有必要剥夺一部分学生的所谓“权利”。我们知道，当代学生维权意识很强，他扰乱了课堂纪律还不允许老师利用上课时间对他进行个别教育，他说这是剥夺了他学习的权利，他可以去上告。如果是一个不够自信的班主任，就会被这股歪风邪气压倒。此时，我们恰恰应该认识到，教育是有尊严的，规则也是有尊严的，班主任剥夺他的上课权利恰恰是捍卫了教育的尊严和规则的尊严。

第五，班主任的民主精神应该体现为公平与公正。所谓公平，就是班主任的教育应该面向全体学生，为全体学生服务；就是班主任对学生的处理应该合乎规则，在规则面前一视同仁地对待学生。所谓公正，就是班主任的工作应该遵循在对集体有利的基础上对个人有利的原则，应该对所有的学生不抱成见，一分为二地看待每一个学生，应该匡扶弱者和正义。

第六，班主任的民主精神应该体现为明了每一个学生个性的客观发展要求，帮助每一个学生进步。每一个人都是一个生动活泼的个体，因此每一个人都有其长处和短处。了解学生的特长，为学生经营特长出谋划策、提供有利条件，是班主任的分内之事。

第七，班主任的民主精神应该体现为班级所有的规章制度都要遵循“从学生中来，到学生中去”的原则。根据班级实际情况，在倾听大多数学生呼声的基础上制定规则，就是“从学生中来”。通过民主选举，推选出强有力的班干部，充分依靠大多数学生保证规则的约束力，就是“到学生中去”。

第八，班主任的民主精神应该体现为以身作则。身教重于言教，不以权威自居，常作自我批评、恪守诺言、谨慎行事……凡此种种，都会对学生产生潜移默化的有益影响。

总之，在班级管理中，平衡好发扬民主与严格管理二者间的关系，更有利于教师和班主任威信的树立和提高。

严格课堂纪律和班级守则

纪律是一种规则和规范，是学生对权利的追求和权利在课堂中的体现。

作为教师和班主任，为了树立自己的威信，就必须严格制定和执行课堂纪律与班级守则。

曾在网上拜读过一位班主任写的文章。

班主任的工作是在贯彻教育方针政策，更是在验证自己的教育魅力和人格魅力。有什么样的班主任就有什么样的班风和学风。人们将班主任分成这样几种类型：保姆型、朋友型、放羊型、水乳型等，而在实际管理中，大多数班主任使用的都是保姆型，将自己当作主体，将学生当作客体和活容器、干涉多、灌输多、管束多，惟恐出乱子，使学生自我表现空间狭小有限，心灵处于戒备状态，“甚至会扣上全部纽扣，整个封闭起来”。班主任天天盯着学生，什么事情都不放心，学生的自我管理能力和潜能完全被束缚被局限，有的班级成员还成为管理的阻力，增加了管理的难度。班主任老想着法对付学生，内心又怎能不累？班主任只顾“管”而不顾“理”，没有“梳理”、“调理”意识，造成了管理思想和管理手段的滞后。

很多了解中小学班主任工作难处的人都说，中小学班主任是“在夹缝中生存，在崩溃边缘中行走”。很多班主任也说：“我最大的愿望就是下学期不再当班主任了！”一所普通中学的李老师告诉记者：“这么多年的班主任，我已经当怕了，每天像上满了弦一样，再不停下来我就要崩溃了。”

超负荷工作让班主任疲于应付，不合理的教师评价体系把班主任逼上反教育的境地，学生的状况和心态又给班主任工作增加了无限的难度。上述案例给我们提出了一个这样的问题：班主任究竟怎样当？如何摆脱老师管得雷厉风行，学生却是无动于衷，老师管得累，学生们觉得烦的情况？班主任怎样从“保姆型”转变到“朋友型”、“水乳型”？其实，教师“管”学生，主要形式是规则与纪律管理。如果把规则纪律管理与学生的自管自律结合起来，教师就不但能从上述状态下解放出来，而且更容易树立自己的威信。

从一般意义上说，纪律是一种规则和规范。纪律依据规范所规定的标准与要求而制定，遵守纪律，可以形成规范。纪律具体体现在规则之中，执行规则就是遵守纪律。强调纪律就是强调规则、形成规范。

往深处讲，纪律是学生对权利的追求和权利在课堂中的体现。“肯定型纪律”的倡导者坎特认为，学生有权要求教师帮助他们在平静、安全的环境中学习，有权要求在教师教学过程中没有破坏行为。为此，需要一些限制手段，以支持他们正确的要求，而设置并加强这些限制正是教师的责任之一。由此看来，纪律并不都是外在的附加，而是学生内在的需求；重视纪律，实质上，是尊重学生对权利的需求，就是尊重学生的权利；学生守纪意味着自己对自己权利的尊重，意味着学生在课堂上尊严地生活。

1. 明确制定纪律的目的

（1）纪律是为了培植和形成学生对规则的认同感。

纪律与规则是孪生兄弟。活动必须有规则，有学习活动就要诞生学习规则。有了规则，活动才会有序和有效。纪律就足对规则的认同和对规则的行为化。要求学生守纪，就要培养规则意识，形成良好的行为规范。同时，逐步培育起诚信的品格，促进学生人格的完善。

（2）纪律是为了培植和形成学生对集体的归属感。

纪律总是与集体联系在一起。几乎所有的学生都有一种强烈的愿望，希望成为自己班级中重要的一员。如果教师和班级中的其他成员给予重视和尊重，并在活动中包容他们、平等地对待他们，那么他们就会找到这种归属感。而当学生无法在班级中获得这种归属感时，他们经常转向错误的目的。因此，要求和帮助学生守纪，让学生获得并保持这种对集体的归属感，使自己的行为指向正确的目的——遵守集体的纪律，关心集体，维护集体，成为集体中的重要一员。

（3）纪律是为了使课堂变成安全、有序的场所。

教学必须有令人舒畅的课堂环境，为了维护这样的环境，教师必须不断影响学生，引导他们对行为负责并积极交往，这种影响被称之为纪律。同时，教师还应该让学生知道纪律不是强加给学生的。可见，纪律是课堂环境的支持性、保证性因素，心理学家弗雷法利克·琼斯研究认为，正常的情况下，教师会因学生的违纪失去50%的课堂教学时间。纪律有利于创造就良好的课堂，保证教学任务顺利完成，提高教学的效率和质量，并且有管理课堂的重要价值。

（4）纪律是为了给学生带来真正的快乐和自由。

违纪行为是怎么产生的？有研究认为，只有当人感到麻烦时，才会有问题存在，即发生违纪行为。反之，消除人的烦恼，解除人的麻烦，就会自觉地去守纪。纪律带给人的不应是束缚和制约，而应该是自由和快乐，进而让学生在良好的氛围和状态中去想象和创造。纪律不应和抑制创新划上等号，规范也不应视同于迫使学生就范。那种纪律只是为了控制和规范的看法，其实是对纪律缺乏深层次的理解。

纪律是永恒的，无论是过去和现在，还是未来，都应有纪律存在，都要关注纪律、建设良好的纪律，新课程所追求的课堂教学同样如此。新课程只讲学生的解放而不求对学生的规范，只讲自由、轻松，而不求严格遵纪，是对课程的误解；课堂应当在解放与规范、自由与严格中求得平衡，这种平衡在一定程度上体现在课堂新纪律、新秩序上。

2. 师生共同制定课堂纪律

（1）课堂规则应由教师和学生充分讨论，共同制定。

因为课堂规则不是目的，只是手段。由学生参与讨论而制定的课堂规则，会在很大程度上满足学生的需要和愿望，容易被学生接受和内化，从而自觉遵守课堂规则。因此，教师应提供机会让学生参与制定课堂规则，但在确定所期望的学生课堂行为标准时，教师要考虑这样几个问题：所确定的行为要求是否有利于学生的身心发展？行为要求是否影响课堂秩序和学生的学习？行为要求是否体现了对学生的尊重？行为要求是否切实可行？行为要求是否具有改变或修正的可能性？等等。

（2）课堂规则应少而精，内容表述以正向引导为主。

课堂规则应是所有学生均应共同遵守的课堂行为规范与要求，因此应尽量制定出最简明、最基本、最适宜的规则。一般以 5 ~ 10 条为宜。琼斯等人研究指出，主要指向惩罚的规则常常会引导学生关注消极方面，反而淡化学生的积极动机与态度，从而进一步强化低水平的道德发展，无助于发展学生高水平的、具有社会价值的道德水准。可见，消极、负向的课堂规则不利于课堂学习纪律的管理。因此，在制定规则时应坚持正面表述为主，多用积极的语言，建立良好课堂行为的积极的正向强化，这有利于产生“教师期望效应”，从而会促使学生积极主动自觉地遵守课堂规则。

（3）课堂规则应及时制定、引导与调整。

教师应抓住一学年开始的机会制定课堂规则，并引导学生如何遵守课堂规则。依伏特逊等人认为，一学年的开始几周，在决定这一年学生在课堂中如何和教师、同学相互交往方面起着重要的作用。

良好的课堂纪律管理应该是自觉的纪律教育，它具有以下特征：第一，尊重学生人格，尊重学生自尊心，严格要求学生与尊重学生人格相结合。第二，积极引导学生自己管理自己以积极的纪律教育为主。第三，培养良好的纪律行为为主，惩罚不良行为为辅。第四，实行民主管理，注重教师的主导作用与学生的主体作用的有机结合。

3. 师生共同制定课堂纪律，要遵循青少年心理发展的特点

青少年心理发展特点表明，青少年的行为动机具有冲动性，同时具有逆反心理，情绪化较强，越是强加给我的越是违犯。因此，制定纪律时要充分发挥教师“引”和“导”的作用，使学生懂得遵守纪律的重要性，激发学生的内在动力。这样，也更容易树立教师自身的威信。